ULRICH SCHNAKENBERG

Die Karikatur im Geschichtsunterricht

METHODEN HISTORISCHEN LERNENS

ULRICH SCHNAKENBERG

Die Karikatur im Geschichtsunterricht

WOCHEN
SCHAU
GESCHICHTE

Bibiliografische Information der Deutschen Nationalbibliothek

Die Deutsche Nationalbibliothek verzeichnet diese Publikation in der Deutschen Nationalbibliografie; detaillierte bibliografische Daten sind im Internet über http://dnb.d-nb.de abrufbar.

Die Reihe „Methoden Historischen Lernens“
wird herausgegeben von

Michele Barricelli
Peter Gautschi
Vadim Oswalt
Hans-Jürgen Pandel
Bernd Schönemann

Die Reihe wurde gegründet von Klaus Bergmann, Ulrich Mayer, Hans-Jürgen Pandel und Gerhard Schneider

Umschlagbild: Michael Cummings, „If there‘s one thing worse than a tyrant, it‘s a liberator“, Daily Mirror, 14.3.1979 (Ausschnitt).
Aus: Michael Cummings, On the point of my pen, Portsmouth 1985, S. 186

www.wochenschau-verlag.de

Umschlaggestaltung: Ohl Design
Gedruckt auf chlorfrei gebleichtem Papier
Gesamtherstellung: Wochenschau Verlag
ISBN 978-3-89974757-7

Inhalt

Vorwort

Immer mehr Bilder und Filme, immer kürzere Videoclips und Werbespots, immer rasantere Schnitte, die Allgegenwärtigkeit von optischen Reizen: Wir befinden uns heute inmitten einer visuellen Revolution. Diese aktuelle Bilderflut hat tief greifende Auswirkungen auf das Geschichtsbewusstsein, denn die Kombination von Bildern und Massenmedien verändert auf dramatische Weise die Formen der Wahrnehmung, des Wissens und der Erinnerung.[1] Hierauf muss der Geschichtsunterricht reagieren. Denn das Fach Geschichte ist geradezu prädestiniert, einen wichtigen Beitrag dazu zu leisten, den Blick für Bilder zu schärfen und die Kritikfähigkeit im Umgang mit Bildern zu fördern. Wie im Folgenden gezeigt werden soll, weist die Arbeit mit historischen Karikaturen ausgezeichnete Möglichkeiten auf, diese Herausforderungen aufzugreifen und Sachwissen sowie Analyse-, Urteils- und Orientierungskompetenz als die zentralen im Geschichtsunterricht zu erwerbenden Fähigkeiten und Fertigkeiten herauszubilden.

Der vorliegende Band ist – wie alle Bände der Reihe – unterteilt in einen theoretischen und einen praktischen Teil. Einem kurzen Abriss der Geschichte der Karikatur folgt zunächst eine knappe Übersicht zur Typologie und zu wichtigen Stilmitteln der historisch-politischen Karikatur, bevor das Lernpotential dieser speziellen Quellengattung ausführlich erörtert wird. Wie mithilfe von Karikaturen Geschichte nachhaltig und erfolgreich gelernt werden kann, wird dabei anhand zahlreicher erprobter unterrichtspraktischer Beispiele vorgestellt.

Dies kleine Büchlein ist so konzipiert, dass es sich einerseits als Monographie zur zusammenhängenden Lektüre eignen soll; andererseits kann es auch als Nachschlagewerk genutzt werden, weshalb gewisse Wiederholungen und Überschneidungen unvermeidlich sind. In der Absicht, eine Brücke zwischen Theorie und Praxis zu schlagen, richtet sich der vorliegende Band sowohl an Studierende und Referendare wie auch an praktizierende Geschichts- und Politiklehrer und ergänzt meine parallel im Wochenschau Verlag herausgegebene Reihe *Geschichte in Karikaturen.*

Duisburg, im August 2011
Ulrich Schnakenberg

1 Wolfrum, Edgar, Die 60er Jahre (Deutschland im Fokus) Darmstadt 2006, S. 6.

1. Einleitung

1.1 Ausbildung von „visual literacy“ als Reaktion auf die Bilderflut

„[...] Bilder sind niemals nur Abbilder von Realität. Sie liefern, ähnlich den Berichten von Zeitzeugen, die Interpretation eines Ereignisses aus einem bestimmten Blickwinkel, subjektiv, manchmal parteiisch, mitunter manipulativ.“[1] Ist diese Grundtatsache jungen Menschen wirklich bewusst? Infolge des oft zu beobachtenden allzu unkritischen Umgangs der Schüler mit Bildern besteht in der Tat die Gefahr, dass, wie Klaus Bergmann befürchtete, vor lauter Bildern die Wirklichkeit nicht mehr wahrgenommen wird bzw. die Bilder für Wirklichkeit genommen werden.[2] Um zu vermeiden, dass das Verhältnis von bewusster und unbewusster Informationsverarbeitung immer mehr aus dem Gleichgewicht gerät und die Korrektur von (Vor-)Urteilen durch (Nach-)Denken immer seltener stattfindet,[3] muss der Umgang mit visuellen Quellen im historischen Unterricht systematisch im Sinne eines Spiralcurriculums eingeübt werden. Im Einzelnen bedeutet dies, die Schüler exemplarisch die Entstehungsbedingungen, den historischen Kontext und die intendierte Wirkung eines Bildes, eines Videos, einer Karikatur analysieren sowie das „Bild“ danach in seiner Aussage genauer untersuchen zu lassen. Die Formulierung eines Sach- und Werturteils schließt die Untersuchung dann ab.

Die Herausbildung von *„visual literacy“* bzw. von *„piktoraler Lesefähigkeit“* setzt dabei voraus, sich bei seiner Betrachtung Zeit zu lassen, genau hinzusehen, zu verweilen, zurück zu gehen, sich ins Bild ziehen zu lassen.[4] Weil diese Verlangsamung der Bildbetrachtung den üblichen Sehgewohnheiten der Schüler diametral gegenübersteht, müssen entsprechende Fertigkeiten unter Anleitung der Lehrkraft behutsam, aber nachdrücklich eingeübt werden – und hier bietet gerade die Arbeit mit Karikaturen vielversprechende Möglichkeiten.

1.2 Die historisch-politische Karikatur: Definitionsversuche

Was unterscheidet nun die Karikatur von anderen Bildern? Bei der politisch-historischen Karikatur handelt es sich um eine journalistische Darstellungsform. Sie ist ein Kommunikationsmedium und ähnelt zumindest in dieser Hinsicht am ehesten dem Plakat. Kunsthistoriker, Medienwissenschaftler, Historiker und Politologen haben immer wieder versucht, den Begriff Karikatur zu definieren, ohne dass sich bisher eine bestimmte Definition allgemein durchgesetzt hätte[5]. Sie kann als visueller Kommentar, graphischer Leitartikel, oder auch als ein *„ins Bild gesetztes Werturteil"* beschrieben und unter dem Oberbegriff „kritische Graphik" subsumiert werden. Das Wort Karikatur geht auf das italienische Verb „caricare" bzw. auf dessen Substantivierung „caricatura" zurück, was soviel wie „beladen" oder „überladen" bedeutet. Zentrales Merkmal der Karikatur ist die Zuspitzung und die Verfremdung einer Situation, einer Person oder einer Sache. Der Karikaturist nutzt hierzu Mittel wie Übertreibung, Verzerrung, Verdichtung, Kostümierung, Übervereinfachung, Parodie oder Travestie.

Pandel, für den Karikaturen stets „politische" Karikaturen sind – ihr Gegenstand sei schließlich all das, was von allgemeinem Interesse ist, also die (Regierungs-)Politik, Wissenschaft, Technik, Kirche, Kultur[6] – definiert kritische Graphik, indem er sie auf vier Charakteristika hin untersucht:

- Übersteigerung
- Tendenz
- Lustempfinden beim Betrachter
- Publikumsorientierung[7]

Ein weiteres wichtiges Merkmal, nämlich die mit einer dezidierten *politischen Stellungnahme* verbundene Vermittlung von Informationen, kommt in aller Regel hinzu. Die Karikatur will nicht (allein) informieren oder illustrieren, sie will aufklären, aufdecken, anprangern, entlarven, zum Nachdenken oder manchmal auch zum Handeln auffordern. Indem sie eine bestimmte – zumeist tagesaktuelle – Situation von einem individuellen Standpunkt aus beurteilt, beinhaltet sie ein Sach- und Werturteil. Sie hat in demokratischen Systemen eine wichtige Kritik- und Kontrollfunktion inne und ist hier in der Regel Medium oppositioneller Kritik, während ihr in totalitären Staaten häufig die Rolle von systemstützender Propaganda zufällt.

Definitionsversuche

„Die politische Karikatur ist eine graphische oder graphisch-textliche Verfremdung von Aktualität, wobei die Verfremdungsanalyse den Betrachter zu einer Denk- bzw. Kombinationsleistung drängt, die dank der Verwendung komischer Verfremdungsmittel oft mit Lachen belohnt wird."

(Schneider, Franz, Die politische Karikatur, München 1988, S. 5)

„Humor will Heiterkeit erzielen und unterhalten. […] Satire will hingegen in Diskussion über politische und soziale Prozesse und über die Werte einer Persönlichkeit oder Institution eingreifen und eine Stellungnahme erheischen. Sie ist auf Brandmarkung und Entlarvung, Verleumdung und Beleidigung aus, also demzufolge aggressiv und angriffslustig und bedient sich häufig der Ironie."

(Lammel, Gisold, Deutsche Karikaturen: Vom Mittelalter bis heute, Stuttgart 1995, S. 2)

„Die politische Karikatur ist ein visueller Kommentar und damit eine meinungsbetonte journalistische Darstellungsform. Ihr Gegenstand ist ein zeitnahes bzw. aktuelles politisches Thema oder Ereignis, dessen Rahmendaten beim Rezipienten bereits bekannt sein müssen. […] Im Idealfall vermag sie es, Sinnzusammenhänge sowie Problemfelder und Widersprüche politischer Realität auf den Punkt zu bringen und diese sowohl parteiisch als auch allgemeinverständlich zu bewerten."

(Knieper, Thomas, Die politische Karikatur. Eine journalistische Darstellungsform und deren Produzenten, Köln 2002, S. 98)

Karikaturisten sind häufig Idealisten und Moralisten – und manchmal Zyniker. Das englische Magazin „The Athenaeum" definierte den typischen Karikaturisten im Jahr 1831 so: „A man who closes his heart against the sensibilities of human nature […] who insults inferiority of mind and exposes defect of body […] who aggravates what is already hideous and blackens what was before sufficiently dark".[8] Das bevorzugte Ziel ihrer Kritik ist die herrschende Klasse, Könige, Politiker, Wirtschaftsführer, wobei die Zeichner vom leisen Spott bis zur bitteren Satire, von der scharfen, beißenden Anklage bis zur bewusst verletzenden Gemeinheit; Lüge, Entstellung, Falschheit und Verdrehung auf unterschiedlichste Mittel der Kritik zurückgreifen.[9]

Neben der Frage nach der Funktion der Karikatur ist auch die Frage nach der *Wirkung* graphischer Kommentare wichtig. Für den Flensburger Geschichtsdidaktiker und Bilderforscher Gerhard Paul haben die visuellen Medien Politik, Wirtschaft und Kultur im 20. Jahrhundert „entscheidend geformt: Sie haben Weltbilder vermittelt, Sichtweisen geprägt und schließlich auch noch die Erinnerung bestimmt. In diesem Sinne haben sie gleich mehrfach *Geschichte gemacht* [Hervorhebung im Original]."[10] Der große Karikaturenforscher Eduard Fuchs bemüht, auf die Wirkung von Spottbildern bezogen, das alte Sprichwort, dass Lächerlichkeit tötet. Als Beispiel verweist er auf den Bürgerkönig Louis Philippe und Kaiser Napoleon III., die unablässig von der Karikatur angegriffen und deren Regierung praktisch „sturmreif“ geschossen wurde: „Sie stürzten, weil sie keine moralischen Machtmittel mehr besaßen, auf die sie sich hätten stützen können. Jene so unentbehrlichen Stützpunkte in der Masse waren vermorscht, vernichtet durch das Salz und die Lauge des unaufhörlichen Spottes, der über ihre Person ausgegossen war […]“.[11]

Abb. 1: Cy Hungerford, A Brave Man, Pittsburgh Post-Gazette, o. J.

Vom leisen Spott bis zur bitteren Satire, von der scharfen, beißenden Anklage bis zur bewusst verletzenden Gemeinheit: Demokratisch gewählte Politiker (hier der amerikanische Präsident Lyndon B. Johnson) sind heute die bevorzugten Ziele der Karikaturisten.

(Stacey Bredhoff (Hrsg.), Draw! Political cartoons from left to right, Washington 1991, S. 7)

Abb. 2: Egon Körbi (Ekö), Gehört zu den Spitzenmodellen für Karikaturisten, 7.9.1985

Wichtige Politiker müssen für den Leser schnell und zweifelsfrei identifizierbar sein. Karikaturisten erwiesen sich hier häufig als sehr einfallsreich, wenn es darum ging, besondere Spitzenpolitiker mit einem bestimmten, unverkennbaren Attribut auszustatten bzw. individuelle Merkmale auf unvergessliche Art und Weise zu akzentuierten: Wehners unvermeidliche Pfeife, Chruschtschows Schuh, de Gaulles lange Nase, Strauß' bayrische Lederhosen.

(Gisela Burkamp (Hrsg.), Unterm Strich. Die achtziger Jahre in der Karikatur von Egon Körbi, Bielefeld 1991, S. 11)

Weitere Beispiele stützen diese These von der *Karikatur als mächtiger Waffe*, die Wahlen beeinflussen oder über die Zukunft von einflussreichen Personen entscheiden kann. Denn tatsächlich macht es einen Unterschied, ob man über die (angeblichen) Verfehlungen eines Politikers liest oder ob diese Verfehlungen – graphisch stark zugespitzt – in einer satirischen Zeichnung aufgegriffen werden. Ein solches Bild prägt sich – begleitet von entsprechenden negativen Emotionen – ein: Die Hirnforschung hat eindeutig gezeigt, dass Bilder deutlich besser und länger erinnert werden als Texte.[12] Insbesondere vor dem Aufkommen von

Fernsehen, Internet und Handy verfügten die vergleichsweise „knappen" Bilder und Karikaturen über eine Reichweite und Suggestivkraft, die wir uns heute kaum noch vorstellen können. Demgegenüber ist festzustellen, dass mit dem Aufkommen der neuen Medien die Tages- und Wochenzeitungen als wichtigstes Trägermedium der Karikatur in den letzten Jahrzehnten an Bedeutung verloren haben. Befindet sich also mittlerweile auch der graphische Kommentar im Niedergang?

Eine Antwort auf diese Frage fällt schwer. Problematisch bleibt, dass sich die Wirkung von Massenmedien wie Tageszeitungen selbst mit neueren Methoden nicht genau bestimmen lässt.[13] Umfragen legen einerseits nahe, dass Massenmedien die öffentliche Meinung nur sehr begrenzt in eine bestimmte, von den Meinungsführern intendierte Richtung lenken können. Die Medien und somit auch die Karikaturisten beeinflussen die Menschen wohl weniger dahingehend, *was* sie denken, sondern vielmehr, *worüber* sie (nach)denken. Vieles deutet zudem darauf hin, dass, anstatt die Meinung des Publikums zu verändern, die Menschen durch ihren Medienkonsum eher in ihrer Meinung bestärkt werden.[14] Schließlich, so legt der britische Karikaturforscher Benson dar, stimmen die meisten Karikaturisten mehr oder weniger mit der politischen Richtung „ihrer" Zeitungen überein, während der Leser in der Regel die Zeitung liest, die sich am ehesten mit seinen Werten und Positionen deckt.[15]

Andererseits zeigt die Tatsache, dass sich bis zum heutigen Tag immer wieder einflussreiche Persönlichkeiten gegen Karikaturisten und ihre Verleger zur Wehr setzten, dass der Einfluss der graphischen Kommentare keinesfalls gering geschätzt werden darf. Die Geschichte ist voll von Beispielen der Unterdrückung von unliebsamen Druckerzeugnissen; auch in gereiften demokratischen Systemen gab es und gibt es wiederholt Versuche, Karikaturisten mundtot zu machen. Immer wieder wurden Rechtsmittel gegen die Veröffentlichung unliebsamer Zeichnungen eingelegt, Zeitungsverleger durch (massenhafte) Kündigung von Abonnements sowie Anzeigen-Boykotte unter Druck setzt.[16] Die wohl bekanntesten Fälle sind die versuchte Bestechung des berühmten amerikanischen Karikaturisten Thomas Nast durch den New Yorker Politiker „Boss" Tweed im 19. Jahrhundert sowie zuletzt die Drohungen und Attentate gegen die Urheber der sogenannten Mohammed-Karikaturen.[17]

1.3 Chance Karikaturarbeit

Warum verfügt gerade die Quellengattung Karikatur über besonderes Potential, Schüler *zu historischem Denken* sowie „reflektiertem (und selbstreflexivem) Geschichtsbewusstsein", dem Leitziel jedes historischen Unterrichts, *hinzuführen*? Das wichtigste Argument, das für den Einsatz von Karikaturen im Geschichtsunterricht spricht: Schüler arbeiten gerne mit Karikaturen. Wie kein zweites Medium lädt die Karikatur als Synthese von Bild, Text und Symbol zum Entdecken, Rätseln und Vermuten ein. Diese Faszination, die Karikaturen – wie visuelle Medien generell – auf Schülerinnen und Schüler aller Schulformen und Jahrgänge ausüben, kann und sollte sich der Geschichtslehrer zunutze machen. Historische Karikaturen bieten als authentische zeitgenössische Quellen eine Fülle von Anstößen zur Auseinandersetzung nicht nur mit der Vergangenheit, sondern gerade auch zur Auseinandersetzung mit unterschiedlichen Sichtweisen auf „die“ Vergangenheit. Indem durch multiperspektivische Zugriffe der Konstruktcharakter von Geschichte deutlich wird, kann es gleichzeitig gelingen, die Schüler mit der Karikatur als einem wichtigen Medium des politischen Meinungskampfes vertraut zu machen und die Lernenden so besser auf ihre Rolle als mündige Bürger in der Demokratie vorzubereiten.

Argumente für den Einsatz von Karikaturen im Geschichtsunterricht

- Karikaturen motivieren, indem sie zum Entdecken, Rätseln und Vermuten einladen und das ästhetische Empfinden ansprechen
- Karikaturen werfen Fragen auf; diese Fragen eignen sich oft zur Strukturierung einer Unterrichtsstunde oder -sequenz
- Karikaturen veranschaulichen wichtige, oft abstrakte historische Zusammenhänge und lenken den Blick durch die Vielfalt der Fakten, Personen und Daten hindurch auf das Wesentliche
- Auf fast spielerische Art und Weise „zwingen“ Karikaturen die Schülerinnen und Schüler dazu, erworbenes Wissen in neuen Zusammenhängen *aktiv* anzuwenden
- Karikaturen geben Anstoß zur selbständigen Wiederholung, vertiefenden Diskussion und weitergehenden Auseinandersetzung mit einer behandelten Problematik
- Die Gegenüberstellung von „kontrastiven Parallelkarikaturen“, welche ein jeweils unterschiedliches Licht auf ein und dasselbe Ereignis werfen, fördert die Ausbildung von Interpretationskompetenz und ideologiekritischem Denken
- Als visuelle Quelle fördern Karikaturen Rezeption und späteres Erinnern von historischen Zusammenhängen besser als traditionelle, rein verbale Medien

1.4 Die Karikatur als Quelle

Wenn also elementare geschichtsdidaktische Überlegungen ebenso wie lernpsychologische Argumente für eine Aufwertung der Karikaturarbeit im Geschichtsunterricht sprechen, so sind Karikaturen dennoch *mehr als ein ausgezeichnetes Lehr- und Lernmittel, sie sind Quellen*, die heuristisch genutzt werden können und sollen. Karikaturen stellen – wie im Folgenden gezeigt werden soll – nicht nur für die Politikgeschichte ausgezeichnete Zeugnisse dar, sondern können ebenso den Zugriff auf wirtschafts-, alltags-, sozial-, mentalitäts-, geschlechter- und umweltgeschichtliche Themen erleichtern.[18] Das kaum ausgeschöpfte Potential dieser Quellen hat inzwischen auch die Geschichtswissenschaft erkannt und schenkt der Gattung wachsende Aufmerksamkeit.[19] Dabei wird die Karikaturforschung durch den Abschluss zahlreicher Digitalisierungsprojekte in den letzten Jahren erleichtert. So liegen mittlerweile die wichtigsten europäischen Satirezeitschriften des 19. Jahrhunderts in elektronischer Form vor (vgl. die Literaturhinweise).

Abb. 3: Oskar, „Sprechen Sie bitte erst mit Mama – Ihr Antrag kommt so überraschend!", Berliner Morgenpost, 13.2.1954

Quellen nicht nur für die Politikgeschichte: Karikatur zur Geschlechter- bzw. Mentalitätsgeschichte der frühen Bundesrepublik. Dass Frauen Männern einen Heiratsantrag machen, war für viele Menschen damals – im Gegensatz zu heute – absolut undenkbar.

(Berliner Morgenpost (Hrsg.), Frech wie Oskar. OSKARikaturen aus der Berliner Morgenpost, Berlin 1954)

Im Unterschied zur Fachwissenschaft beschäftigen die in der Karikaturarbeit schlummernden Chancen die Fachdidaktik bereits seit längerem.[20] Geschichtsdidaktisch liegt der Quellenwert des graphischen Kommentars vor allem in seinem dezidierten Werturteil,[21] in seinem besonders hohen *Authentizitätsgrad* – im Unterschied zu Textquellen liegen Karikaturen wie alle Bilder im Schulbuch in ihrer ursprünglichen Form und nicht transkribiert vor – sowie schließlich auch in der zeitlichen Nähe zu den thematisierten Ereignissen begründet: Als zeitgenössische Meinung und Kritik ist kritische Graphik Teil dieser Ereignisse selbst.[22]

Hierbei ist allerdings in Erinnerung zu rufen, dass die Karikatur nicht Dokumentation einer bestimmten Thematik ist, sondern Dokument einer bestimmten Sichtweise:[23] Sie kann die Realität durchaus einseitig oder gar verfälscht wiedergeben. Hierin unterscheiden sich visuelle Kommentare jedoch nicht von anderen Gattungen wie z.B. der Textquelle oder der Fotografie, welche mitunter genauso manipulieren wie Karikaturen, historische Ereignisse ebenso subjektiv oder teilweise sogar falsch wiedergeben. Ja, gerade deshalb sollte man mit Karikaturen im Geschichtsunterricht arbeiten: Perspektivität, Subjektivität, Verfälschung entdeckt eben nur das geübte Auge.

Abb. 4: Peter Leger, ohne Titel, o.J.

Karikaturen als Quelle zur Wirtschafts- und Sozialgeschichte: Die vorliegende Karikatur eignet sich gut für den Einstieg bzw. zur Strukturierung des Themas „Arbeit in der Geschichte". Besonders reizvoll erscheinen dabei der in der Zeichnung gezogene historische Längsschnitt sowie der explizite Gegenwarts- und Zukunftsbezug der Karikatur.

(Arno Koch (Hrsg.), Irgendwo muß man 'nen Strich ziehen. Wirtschaft und Arbeitswelt in der Karikatur (Wirtschaftskarikaturen, Bd. 1) Königstein, ²1981, S. 70)

Anmerkungen

1 Wolfrum, Edgar, Die 60er Jahre (Deutschland im Fokus) Darmstadt 2006, S. 6.

2 Bergmann, Klaus, „... so ist das Bild immer notwendig ein beschränktes" – historisches Denken durch Bilder, in: Schneider, Gerhard (Hrsg.), Die visuelle Dimension des Historischen. Hans-Jürgen Pandel zum 60. Geburtstag, Schwalbach/Ts. 2002, S. 9.

3 Buntz, Herwig; Erdmann, Elisabeth, Fenster zur Vergangenheit. Bilder im Geschichtsunterricht, Bd. 2, Bamberg 2009, S. 5.

4 Sauer, Michael, Bilder im Geschichtsunterricht, Seelze-Velber, [3]2007, S. 14.

5 Wolf, Sylvia, Politische Karikaturen in Deutschland 1848/49, Mittenwald 1982, S. 9 ff.

6 Pandel, Hans-Jürgen, Karikaturen. Gezeichnete Kommentare und visuelle Leitartikel, in: ders.; Schneider, Gerhard (Hrsg.), Handbuch Medien im Geschichtsunterricht, Schwalbach/Ts. 2004, S. 262.

7 Ebd, S. 259 f.

8 Rosenblum, Sig, LBJ Lampooned, New York 1968, S. 7.

9 Uppendahl, Herbert, Die Karikatur im historisch-politischen Unterricht. Eine Einführung mit Unterrichtsbeispielen, Freiburg 1978, S. 9.

10 Paul, Gerhard, Das Jahrhundert der Bilder. Die visuelle Geschichte und der Bildkanon des kulturellen Gedächtnisses, in: ders. (Hrsg.), Das Jahrhundert der Bilder, Bd. 1, Bonn 2009, S. 14.

11 Fuchs, Eduard, Die Karikatur der europäischen Völker vom Altertum bis zur Neuzeit, Berlin [2]1902, S. 11. Vgl. auch S. 15.

12 Wunderer, Hartmann, Geschichtsunterricht in der Sekundarstufe II, Schwalbach 2000, S. 59. Buntz, Herwig; Erdmann, Elisabeth, Fenster zur Vergangenheit. Bilder im Geschichtsunterricht, Bd. 1, Bamberg [2]2007, S. 8 f.

13 Jones, Priska, Europa in der Karikatur. Deutsche und britische Darstellungen im 20. Jahrhundert, Frankfurt/M. 2009, S. 41.

14 Seymour-Ure, Colin, David Low, London 1985, S. 167 f.

15 Benson, Timothy S., The cartoon Century. Modern Britain Through the Eyes of its Cartoonists, London 2007, S. 10.

16 Somers, Paul, Editorial Cartoons, in: The Greenwood Guide to American Popular Culture, Vol. II, Westport, Ct. 2002, S. 503 f.

17 Goldstein, Robert, Political Caricature and International Complications in Nineteenth-Century Europe, in: Michigan Academician, 30. März 1998, S. 107 ff. (http://www.caricaturesetcaricature.com/article-10259459.html)

18 Nevins, Allan, A century of political cartoons. Caricature in the United States from 1800 to 1900, New York 1944, S. 17.

19 Galt die Karikaturforschung lange Zeit als „no-man's-land", als interdisziplinärer Forschungsgegenstand, für den sich niemand recht verantwortlich fühlte (Schneider, Franz, Die politische Karikatur, München 1988, S. 9), hat sich diese Situation inzwischen doch deutlich geändert. Ein Beleg hierfür sind nicht nur die zahlreichen neueren Publikationen zum Thema (vgl. das Literaturverzeichnis), sondern auch die Ausrichtung einer Konferenz (Tagungsbericht Political Cartoons as Historical Sources, 7.5.2004-8.5.2004, London, in: H-Soz-u-Kult, 28.5.2004, http://hsozkult.geschichte.hu-berlin.de/tagungsberichte/id=434). Einen wichtigen

Impuls setzte 2006 auch der Konstanzer Historikertag mit dem Rahmenthema „GeschichtsBilder“. Für den anglo-amerikanischen Sprachraum gibt Somers eine exzellente Literatur- und Forschungsübersicht (Somers, Paul, Editorial Cartoons, in: The Greenwood Guide to American Popular Culture, Vol. II, Westport, Ct. 2002, S. 491-548). An neueren Studien sind ferner von Bedeutung: Elliott, Jane E., Some did it for civilization. Some did it for their country, Hong Kong 2002; Lamb, Chris, Drawn to extremes. The use and abuse of editorial cartoons, New York 2004; Dewey, Donald, The Art of Ill Will. The Story of American Political Cartoons, New York 2007; Moyle, Lachlan R., Drawing Conclusions: An imagological survey of Britain and the British and Germany and the Germans in German and British cartoons and caricatures, 1945-2000, Diss. Universität Osnabrück. (http://elib.ub.uni-osnabrueck.de/publications/diss/E-Diss389_thesis.pdf) und zuletzt: Jones, Priska, Europa in der Karikatur. Deutsche und britische Darstellungen im 20. Jahrhundert, Frankfurt/M. 2009.

20 Vgl. die zahlreichen unterrichtspraktischen Beiträge in den Fachzeitschriften Geschichte lernen, Praxis Geschichte und GWU. Andererseits fällt auf, dass die bisher einzigen Monographien zum Thema über 30 Jahre zurück liegen: Grünewald, Dietrich, Karikatur im Unterricht. Geschichte, Analysen, Schulpraxis, Weinheim 1979; Krüger, Herbert, Geschichte in Karikaturen. Von 1848 bis zur Gegenwart, Stuttgart 1981; Uppendahl, Herbert, Die Karikatur im historisch-politischen Unterricht. Eine Einführung mit Unterrichtsbeispielen, Freiburg 1978.

21 Sauer, Michael, Bilder im Geschichtsunterricht, Seelze-Velber, ^{3}2007, S. 104. Zum Quellenwert von Karikaturen vgl. u.a. Achterberg, Christoph, Karikatur als Quelle. Determination sozialwissenschaftlicher Interpretation, Frankfurt/M. 1998, S. 11; Pandel, Hans-Jürgen, Karikaturen. Gezeichnete Kommentare und visuelle Leitartikel, in: ders.; Schneider, Gerhard (Hrsg.), Handbuch Medien im Geschichtsunterricht, Schwalbach/Ts. 2004, S. 267.

22 Ebd., S. 262.

23 Grünewald, Dietrich, Karikatur im Unterricht. Geschichte, Analysen, Schulpraxis, Weinheim 1979, S. 121.

2. Kurze illustrierte Geschichte der Karikatur

Ab wann kann man vom Aufkommen der Karikatur im modernen Sinne sprechen? Bildsatire, das graphische Verspotten von Zeitgenossen durch Überspitzung und Reduktion ist wohl so alt wie die Menschen selbst. Die politische Karikatur aber, die das Tagesgeschehen mit dem Ziel kommentiert, die Meinung möglichst breiter Bevölkerungskreise zu beeinflussen, ist untrennbar mit der Neuzeit, mit neuen Techniken wie der Entdeckung und Weiterentwicklung des Buchdrucks, der zunehmenden Politisierung immer weiterer Gesellschaftskreise sowie schließlich ab dem 19. Jahrhundert mit dem Aufstieg der Presse und des Bürgertums verbunden. Nur unter diesen Bedingungen – in Verbindung mit der Entwicklung neuer Reproduktionstechniken – konnte die Karikatur systematisch, effektiv und massenwirksam als *Waffe im politischen Meinungskampf* eingesetzt werden.

2.1 Reformationssatire und Schandbild: Die Anfänge der Karikatur

Eine erste größere Blüte erlebte die politische Bildsatire mit den Streit- und Schmähschriften der Reformation. Der Streit zwischen den Anhängern und Gegners des Papstes manifestierte sich seit Luthers Kritik am Zustand der römisch-katholischen Kirche in den Jahren nach 1517 in einer wahren *Sturzflut von Spott- und Schandbildern.* Die Künstler beider Parteien vereinfachten dabei die theologischen Diskussionen der Zeit und reduzierten sie teilweise auf äußerst drastische Bilder, welche die ohnehin schon angespannte Lage weiter anheizten. Denn im Gegensatz zu den abstrakten Abhandlungen Luthers und seiner Gegner wurden die Holzschnitte und Kupferstiche Lucas Cranachs, Hans Holbeins und Albrecht Dürers auch von den Analphabeten – der großen Mehrheit der Bevölkerung – verstanden.

Luthers enge Zusammenarbeit mit berühmten Künstlern erwies sich als genialer Schachzug.[1] Die in großer Stückzahl verbreiteten Spottbilder auf den Papst wie „Der Papstesel zu Rom“ (1523), „Das siebenhäuptige Papsttier“ (1530) oder auch „Ego sum papa“ („Ich bin der Papst“, um 1530) trugen erheblich dazu bei, der Reformation neue Anhänger zuzuführen bzw. die Entschlossenheit von Luthers Gefolgsleuten zu stärken. Aber auch die Unterstützer des Papstes reagierten schnell und antworteten auf die Herausforderung mit eigenen Schandbildern. Am effektivsten dürften die Verzerrung Luthers als „Des Teufels Dudelsack“ (1521) sowie die „Sieben Köpffe Martini Luthers“ (1529) die Anhänger Roms mobilisiert haben. Noch heute legen diese derben, volkstümlichen Darstellungen beredt Zeugnis ab von der Verbissenheit der Auseinandersetzung und der aggressiven Polarisierung jener Zeit.

2.2 Zensur versus Pressefreiheit

Spottbilder und Karikaturen können nur dann in großer Zahl produziert und in Umlauf gebracht werden, wenn dies von der Obrigkeit toleriert wird. Zur Zeit der Reformation war das der Fall: Die protestantischen Fürsten sympathisierten mit Luther und Melanchton und werden den Druck von Flugblättern wohl auch finanziell unterstützt haben, während das Papst-Lager eigene Künstler mit der Erstellung von Spottbildern beauftragte und bezahlte. Erst diese *aktive Förderung der Karikatur durch die Herrschenden* kann die Flut der Flugblätter und Spottbilder der Reformationszeit, diese seltsam frühe Blüte der Karikatur, wirklich erklären. Denn mit dem Ende des *Bilderkrieg*es zwischen Luther- und Papst-Anhängern verzeichnete auch die Entwicklung der Karikatur einen Stillstand, ja einen Rückschritt. So sind im Gegensatz zum 16. Jahrhunderts aus dem Zeitalter des Absolutismus keine bissigen, weit verbreiteten Karikaturen überliefert. Kritik an der Obrigkeit oder gar an einem Monarchen, der sich als „Sonnenkönig" verstand, war mit enormen Risiken verbunden; bei einem Verstoß gegen die Zensur drohten drastische Strafen. Erst mit dem Niedergang der Adelsherrschaft seit 1789 begann sich die kritische Graphik wieder zu regen.

Schwebezustände und Umbruchzeiten, Kriege, nationale Tragödien und Herausforderungen haben zu allen Zeiten die Produktion und die Verbreitung von Karikaturen besonders gefördert. Eine solche Umbruchsituation zeichnete sich Ende des 18. Jahrhunderts in Frankreich ab. Der Unmut des Volkes über den Zustand der Monarchie und der Niedergang der Wirtschaft machte sich erneut auch in kritischen Schriften und Zeichnungen Luft – wie schon während der Reformation toleriert bzw. sogar gefördert durch einen Teil der sozioökonomischen Elite. Unter einem Ludwig XIV. wäre die Einreichung der cahiers de doléance, der berühmten Beschwerdehefte, vermutlich nicht möglich gewesen, und ein stärkerer Herrscher hätte sicherlich Mittel und Wege gefunden, die Produktion und Verbreitung aufrührerischer, für damalige Begriffe hochverräterischer Schriften und Skizzen, wie z.B. die berühmte und in die meisten Geschichtslehrwerke aufgenommene Radierung „Man muss hoffen..." (Abb. 5) zu unterbinden.[2]

Abb. 5: „Man muss hoffen, dass dieses Spiel bald vorbei ist", 1789 (anonym) (Sammlung des Autors)

2.3 Die englische Karikatur des 18. Jahrhundert

Eine – weltweit einmalige – Vorläuferrolle in der Geschichte der kritischen Graphik kam Holland und vor allem Großbritannien zu, wo aufgrund liberaler Pressegesetze schon seit Beginn des 18. Jahrhunderts neben vielen sozialkritischen Karikaturen zahlreiche politische, oft regierungskritische Pamphlete und Zeichnungen offen kursierten. William Hogarth, der bekannteste britische Künstler dieser Zeit, schreckte 1724 mit „Inhabitants of the Moon"[3] nicht davor zurück, gleich drei der mächtigsten Institutionen des Königreiches

Abb. 6: James Gillray, Vor Humphreys Laden in der St. James Street, 1808[9]

Die Karikatur zeigt eine Versammlung von Männern, Frauen und einem Jugendlichen vor einem der Londoner Karikaturenläden. Interessierte konnten die Zeichnungen im Schaufenster anschauen, gegen ein Eintrittsgeld weitere Karikaturen im Innern des Geschäftes betrachten und einzelne Blätter käuflich erwerben. Die hier abgebildete Zeichnung ist zudem ein gutes Beispiel dafür, welch enormen Quellenwert Karikaturen für die historische Forschung haben können: Sie liefert wichtige Informationen zur Distribution der kritischen Graphik.

(Eduard Fuchs, Die Karikatur der europäischen Völker vom Altertum bis zur Neuzeit, Berlin ²1902 S. 171)

zu attackieren: Königshaus, Kirche und Justiz. Dies ist nur ein Beispiel von vielen. Andere Zeichner der Zeit prangerten u.a. des Königs Affären, die Korruption der Regierung, Finanzspekulationen und die Bestechung von Wählern an.[4] Ihrem Wirken waren dabei praktisch keine Schranken gesetzt: „Die Karikaturisten legten ihre Zurückhaltung ab und krempelten sich sozusagen die Ärmel hoch. Sie spotteten, höhnten, schimpften, fluchten und keiften, wie es die Situation – oder ihr Auftraggeber – von ihnen verlangte. Die Mittel, die sie verwendeten, waren [...] grob und manchmal sogar roh, doch sie besaßen den Vorzug der Eindeutigkeit."[5] Dass sich Untertanen des Königs abfällig über andere Staaten und deren Außenpolitik äußerten, kann man sich vielleicht noch am ehesten vorstellen; dass jedoch auch innenpolitische Gegner, ja sogar die Regierung oder der Monarch selbst offen angegriffen wurden, war ein weltweit einmaliger Vorgang. In weiten Teilen Europas sollte es noch viele Jahrzehnte, teilweise sogar Jahrhunderte dauern, bis dort ähnlich liberale Zensurbestimmungen in Kraft traten.[6]

Auch wenn viele Künstler es vorzogen, lieber anonym zu bleiben, fanden sich genug Drucker, die Karikaturen herstellten und in Umlauf brachten. Händler stellten die Drucke zumeist in speziellen Geschäften im Schaufenster aus und verkauft sie als Einzelblatt (vgl. Abb. 6).[7] Der Abstand zwischen Ereignis und graphischem Kommentar war somit recht kurz und die Zeichnungen immer aktuell. Karikaturen wurden außerdem – mit entsprechender Zeitverzögerung – in monatlichen Zeitschriften wie dem „Westminster Magazine" oder dem „Oxford Magazine" publiziert.[8]

2.4 Französische Revolution und antinapoleonische Karikatur

Der Streit um die Deutung der Französischen Revolution und deren Folgen beschleunigte die Entwicklung der englischen Karikatur in den folgenden Jahren weiter. Die aufgeheizte politische Atmosphäre der Revolutionszeit sowie die Napoleonischen Kriege spornten die Zeichner zu Höchstleistungen an und bescherten den Druckereien einen nie da gewesenen Boom. Die bekanntesten und besten Karikaturen dieser Epoche stammen von James Gillray und Thomas Rowlandson. Neu auf der Bühne erschien u.a. George Cruikshank, der in die Fußstapfen seines Vaters Isaac trat. Durch die frühe Zensurfreigabe verfügten die englischen satirischen Zeichner dabei über einen großen Entwicklungsvorsprung gegenüber anderen Ländern, welcher sich nun deutlich bemerkbar machte. Vor allem Gillray warnte – teilweise im Auftrag der

Regierung – in zahlreichen eindrucksvollen, oft farbigen Holzstichen in schrillen Tönen, aber durchaus künstlerisch einfallsreich, vor den Gefahren der Französischen Revolution und brandmarkte deren Sympathisanten in Großbritannien.

Abb. 7: James Gillray, Fashion before Ease, 1793

Ausgestattet mit Jakobinermütze und Kokarde, versucht Thomas Paine, Autor der republikanischen Schrift „Common Sense", Britannia (Allegorie Großbritanniens) brutal in ein republikanisches Korsett zu schnüren. Eine andere bekannte Karikatur Gillrays „Tiddy Doll" (Napoleon als Pfefferkuchenbäcker 1806), findet bis heute in zahlreichen deutschen Geschichtsschulbüchern Aufnahme, und auch seine Zeichnung „The Plumb-pudding in danger" von 1805 erfreut sich ungebrochener Popularität: Das Motiv, das Premierminister Pitt und Napoleon dabei zeigt, wie sie den Erdball aufteilen und verspeisen, wurde in den folgenden 200 Jahren immer wieder aufgegriffen.[10]

(Library of Congress)

Auch in Deutschland erlebte die Karikatur im Zuge der Befreiungskriege gegen Napoleon einen rasanten, wenn auch kurzen Aufstieg. So gelten die antinapoleonischen Zeichnungen zwischen 1813 und 1815 allgemein als ein erster Höhepunkt der modernen deutschen Karikatur. Dieser rasche Aufschwung brach jedoch im Zuge der *Restauration* genau so schnell wieder zusammen, wie er entstanden war. Spätestens ab 1819 versetzen die Karlsbader Beschlüsse mit ihren rigiden Einschränkungen der Pressefreiheit der liberal-demokratischen Bewegung den Todesstoß. Die wenigen überlieferten Karikaturen aus der Vormärzzeit – wie z.B. die sehr treffende und dementsprechend häufig in Schulbüchern abgedruckte Zeichnung „Der Denkerclub" (1824, Abb. 35) oder auch die anspielungsreiche Bildfolge „Das Erwachen des deutschen Michels"[11] (1844) – mussten anonym erscheinen und dürften angesichts der staatlichen Restriktionen keine sonderlich weite Verbreitung gefunden haben.

2.5 Die Erfindung der Lithographie und der Aufstieg des Bürgertums

Es spricht einiges dafür, dass sich die Reformation ohne die vorherige Erfindung des Buchdrucks durch Gutenberg Mitte des 15. Jahrhunderts vermutlich nur schwer, zumindest aber viel langsamer durchgesetzt hätte.[12] Ohne die nun in großer Zahl kursierenden Flug- und Spottblätter, die mal Luther, mal den Papst denunzierten, hätte sich die Debatte um eine Reform der katholischen Kirche kaum so schnell ausbreiten können. Denn damit kritische Graphik florieren kann, braucht es neben liberalen Pressegesetzen noch ein Zweites: Sie muss schnell, einfach und damit kostengünstig in möglichst großer Stückzahl reproduzierbar sein. Alle diese Kriterien waren lange Zeit nicht erfüllt.

Hinsichtlich der massenhaften Verbreitung von Schriftgut war die Erfindung des Buchdruckes aber nur ein erster wichtiger Schritt. Bis zur Erfindung der Lithographie durch Adolf Senefelder im Jahr 1798 wurden Zeichnungen und Abbildungen weiterhin mithilfe von Holzschnitten und Kupferstichen vervielfältigt. Diese Verfahren brachten eine Reihe von Nachteilen mit sich: Die Herstellung von Holzschnitten wie auch von Kupferstichen war ein komplizierter und langwieriger Prozess. Die so hergestellten Vorlagen konnten zudem nicht beliebig oft verwendet werden, da sie sich beim Druck recht schnell abnutzten. Erst Senefelders Erfindung erlaubte eine wirklich schnelle Übertragung von Zeichnungen, die nun in größerer Stückzahl und somit zu einem günstigeren Preis produziert werden konnten. Auch wenn die *Radierung* sowie der *Holzschnitt* bzw. der *Kupferstich* noch lange nicht verschwanden, der Beitrag, den die Lithographie für den Aufschwung der Karikatur im 19. Jahrhundert leistete, ist nicht zu unterschätzen.

Neben der Drucktechnik entwickelte sich ferner das *Trägermedium.* Waren Karikaturen bislang häufig als Illustrationen in Büchern oder als Einzelblätter erschienen, fanden sie nun zunehmend den Weg in die neu entstehenden Nachrichten- und Unterhaltungsmagazine. Im 19. Jahrhundert kamen dann die ersten satirischen Zeitschriften hinzu – mit graphischem Kommentar als essentiellem Bestandteil. Parallel dazu fand kritische Graphik auch auf Postkarten, Plakaten oder Briefumschlägen Verbreitung. Und seit Anfang des 20. Jahrhunderts nahmen dann immer mehr Tageszeitungen Karikaturen in ihre Blätter auf. Diese Entwicklung wiederum hängt eng mit einem neuen Phänomen zusammen: Dem *Aufstieg des Bürgertums,* seiner Presse und dem Kampf um die Pressefreiheit seit Beginn des 19. Jahrhunderts. Mit der Zahl der Publikationen, der zunehmenden Politisierung der Bevölkerung und der allmählichen Ausweitung des Bildungswesens nahm seit Beginn des Jahrhunderts der Leserkreis politischer Pamphlete deutlich zu (und vice versa). Die Zahl der Analphabeten sank in den westlichen Ländern Europas langsam, immer mehr Mädchen kam eine gewisse Bildung zuteil, Lesesalons und Debattierclubs entstanden; das Publikum, das sich für Politik und politische Satire interessierte, weitete sich aus. In der Folge entstand langsam ein *(Massen-)Markt* für Nachrichten im Allgemeinen und politische Graphik im Besonderen. Gleichzeitig fanden sich wagemutige Geschäftsleute bereit, die steigende Nachfrage nach Informationen und Neuigkeiten zu befriedigen. Von nun an wurden die großen politischen und sozialen Auseinandersetzungen der Zeit (Soziale Frage, politische Mitsprache, Krieg und Frieden, Großmachtrivalitäten etc.) auch in den satirischen Zeitschriften geführt.

Der Erste, der diesen Markt mit seinen sich bietenden Chancen (und Verdienstmöglichkeiten) erkannte, war der Franzose Charles Philipon. Philipon entwickelte sich dabei eher zufällig zum Verleger und Unternehmer. In erster Linie war er ein engagierter Demokrat, der sich erst gegen die Herrschaft Charles X., dann gegen die Louis Philippes auflehnte. Philipon kämpfte während der Julirevolution 1830 auf den Pariser Barrikaden und war dann maßlos enttäuscht, als der durch das Volk an die Macht gelangte „Bürgerkönig" Louis Philippe schon bald nach der Thronbesteigung seinen wahren, dunklen Charakter offenbarte. Als Reaktion auf die korrupten Regierungspraktiken und die gebrochenen Versprechen des neuen Herrschers gründete Philipon im November 1830 die Zeitschrift „*Caricature*" – und begründete damit seinen späteren Ruf als Schöpfer der modernen politisch-satirischen Presse.[13]

Die Mahlzeit des Politikers oder Der Zeitungsfresser

Abb. 8: „Die Mahlzeit des Politikers oder Der Zeitungsfresser", Frankreich 1815 (anonym)

Noch schneller als das wöchentlich erscheinende Satiremagazin des 19. Jahrhunderts konnte die Tageszeitung auf aktuelle Ereignisse reagieren: Seit die Technik die Aufnahme von Abbildungen weniger aufwändig gemacht hatte, lief die Zeitungskarikatur den Satireblättern zunehmend den Rang ab, eine Entwicklung, die in den USA bereits in den 1890er Jahren begann, sich in Deutschland aber erst nach dem Zweiten Weltkrieg allgemein durchsetzte.

(Eduard Fuchs, Die Karikatur der europäischen Völker vom Altertum bis zur Neuzeit, Bd. 1, Berlin ²1902, S. 221)

Die wöchentlich erscheinende „La Caricature“ (1830-1835) bestand anfänglich aus lediglich vier Seiten Text und zwei ganzseitigen Bildtafeln. Ihr bedeutendster Zeichner war Honoré Daumier; auch Philipon selbst trat hin und wieder mit eigenen Zeichnungen hervor. Philipon verfügte über viel Kreativität und regte seine Zeichner immer wieder mit neuen Ideen an. Seine berühmteste graphische Schöpfung ist dabei die Birne, mit deren Hilfe er den schwammigen Kopf des „Bürgerkönigs“ wiederholt und äußerst wirksam karikierte. So „erfolgreich“ war Philipons Kritik, dass er immer wieder zu Geldstrafen verurteilt wurde. 1832 musste der Verleger der „Caricature“ gar eine sechsmonatige Freiheitsstrafe antreten. Wenig beeindruckt von der staatlichen Verfolgung – „La Caricature“ wurde insgesamt 27-mal beschlagnahmt – arbeitete sich Philipon auch nach seiner Freilassung weiter unerbittlich an der Regierung ab. Im Dezember 1832 stellte er „La Caricature“ mit dem täglich erscheinenden „Le Charivari“ (1832-1926) noch ein Schwesterblatt zur Seite. Erst mit der Verabschiedung der „Septembergesetze“ im Jahr 1835 gelang es der französischen Regierung, die Kritik an ihrer korrupten Amtsführung effektiv zu unterdrücken. Das Gesetz bestimmte u.a., „daß keinerlei Zeichnungen, Kupferstiche, Lithographien, Medaillen, Stanzarbeiten, keinerlei Sinnbilder, welcher Art und Beschaffenheit sie auch seien, veröffentlicht, ausgestellt oder verkauft werden dürfen ohne vorherige Genehmigung“.[14] Philipon gab aber auch jetzt auch noch nicht auf. Seine Zeitschrift überlebte bis 1848 als eher harmloses, unpolitisches Witzblatt, während der von ihm entdeckte und geförderte Honoré Daumier sich zu einem der größten Karikaturisten des 19. Jahrhunderts entwickelte.

2.6 Die deutschen satirischen Zeitschriften des 19. Jahrhunderts

Nach einem kurzen Aufflackern der kritischen Graphik als Folge der Pariser Julirevolution schienen die revolutionären Ereignisse von 1848/49 endlich auch in Deutschland den Anbruch einer neuen, freieren Zeit zu verkünden. Vorübergehend gewannen nun die reformerischen und republikanischen Kräfte die Oberhand, und neu gegründete, zumeist freiheitlich orientiere Zeitungen und Witzblätter schossen wie Pilze aus dem Boden: Allein im preußischen Berlin entstanden binnen weniger Wochen 14 Satirezeitschriften.[15]

Die wichtigste und mit Abstand langlebigste dieser Zeitschriften war der Berliner „*Kladderadatsch*“ (1848-1944). Wie die große Mehrzahl der neu gegründeten Publikationen, trat der „Kladderadatsch“ entschieden für die Demokratisierung und Einigung Deutschlands ein und kritisierte gleichzeitig die überkommenen Institutionen wie Militär, Adel und Bürokratie. Die Satiriker und Zeichner verfügten dabei seit den Märztagen über einen großen Spielraum, den sie weidlich ausnutzten: Den preußischen König Friedrich Wilhelm IV. traf in den Monaten nach der Märzrevolution nach Ansicht Lammels die „schärfste Bildpolemik, die jemals gegen einen deutschen Fürst gerichtet wurde".[16] So wurde der Monarch wahlweise als Trunkenbold, Vielfraß, Lügner oder Mörder dargestellt.

Aber der demokratische Frühling währte bekanntlich nur kurz, und schon bald gewann die Reaktion erneut die Oberhand. Die im März errungene Meinungsfreiheit wurde bereits im November 1848 wieder stark eingeschränkt und die Presse rigoros mit polizeistaatlichen Mitteln überwacht. Zwar sicherte die am 5.12 oktroyierte preußische Verfassung in Artikel 24 die Pressefreiheit zu: „Jeder Preuße hat das Recht, durch Wort, Schrift, Druck und bildliche Darstellung seine Gedanken frei zu äußern." In der Verfassungswirklichkeit wurde diese Bestimmung jedoch schon bald unter durchsichtigen Manövern ausgehebelt. Noch im selben Monat musste der „Kladderadatsch" sein Erscheinen einstellen.[17]

Abb. 9: Michel und seine Kappe im Jahr 1848, Eulenspiegel, 24.3.1849 (anonym)

Im Frühjahr erschien der Deutsche Michel noch mit wildem Bart, Jakobinermütze und Kokarde. Doch im Laufe des Jahres wandelten sich Frisur, Mimik und Kopfbedeckung. Im Sommer blieb nur noch ein Schnurrbart übrig, im Winter war der Bart ganz ab. Aus dem zornigen Deutschen wurde der resignierte, phlegmatische deutsche Michel; aus der phrygischen Mütze der Französischen Revolution wurde die Schlafmütze.

(Sammlung des Autors)

Dennoch, auch wenn die 48er-Revolution gescheitert war, der Geist der (Presse-)Freiheit war aus der Flasche und ließ sich so einfach nicht wieder einfangen. So erschien der „Kladderadatsch“ schon bald darauf in abgemilderter Form erneut. In der Folgezeit nutzten Chefredaktion und Herausgeber die ihnen verbliebenen Freiheiten und verfolgten die politischen Entwicklungen in Deutschland weiterhin durchaus kritisch von einem (national-)liberalen Standpunkt aus. Dabei fällt allerdings auf, dass man sich eher der Außen- als der Innenpolitik zuwendete: Das unermüdliche Lächerlichmachen des französischen Kaiser Napoleon III. beispielsweise wurde von der preußischen Obrigkeit großzügig toleriert und vermutlich sogar mit Wohlwollen gesehen. Dieser Trend zur fast ausschließlichen Kommentierung außenpolitischer Ereignisse lässt sich ebenfalls im französischen „Charivari“ nachweisen.[18]

In der zweiten Jahrhunderthälfte stiegen die Nachfrage nach aktuellen Informationen und das Interesse an Politik im Zuge des wirtschaftlichen Aufschwungs nach der Gründung des Deutschen Reiches 1871 und der langsam Fahrt aufnehmenden Bildungsexpansion weiter an. In der Folge erschienen zahlreiche neue illustrierte satirische Zeitschriften, z.T. in sehr hoher Auflagenzahl. Der „Kladderadatsch“, der auch weiterhin eine marktbeherrschende Stellung einnahm, verkaufte 1872 im Schnitt über 50.000 Exemplare pro Ausgabe. Zum Vergleich: Das „Berliner Tageblatt“, die damals größte deutsche Tageszeitung, erschien in einer Auflage von nur ca. 35.000.[19] Während aufgrund der eingeschränkten Pressefreiheit – der Tatbestand der Majestätsbeleidigung bestand weiterhin – lange Zeit die eher harmlosen Witzblättchen unter den satirischen Zeitschriften dominierten, u.a. die Münchener „Fliegenden Blätter“ (1844-1944) und die Berliner „Lustigen Blätter“ (1886-1944), die sich in der Regel auf die Felder Alltag, Familie, Großstadtleben, Modeerscheinungen und vorsichtig angedeutete Erotik konzentrierten, bekam die politische Karikatur vor allem gegen Ende des Jahrhunderts neuen Auftrieb.

Diese Belebung der kritischen Graphik war in erster Linie dem 1896 aus der Taufe gehobenen „*Simplicissimus*“ zu verdanken. Die Münchener Zeichner um Thomas Theodor Heine prangerten immer wieder mutig und schonungslos den Militarismus, den Kolonialismus, die politische und soziale Willkür der herrschenden Klasse, die Kirche und die Justiz des Wilhelminischen Deutschlands an. 1898 eskalierte der Dauerkonflikt zwischen „Simplicissimus“ und Obrigkeit: Heine, Albert Langen – der Herausgeber der Zeitschrift – und der Autor Frank Wedekind wurden unter Anklage gestellt. Auslöser war Heines Blatt „Palästina“ (3. Jahrgang, Nr. 31), welches zusammen mit einem Gedicht Wedekinds den Kaiser karikierte. Während Langen und Wedekind sich durch Flucht ins Ausland einer Strafe entzogen, stellte sich Heine dem Richter und wurde zu sechs Monaten Haft verurteilt, die er vom 23.3 bis zum 29.9.1899 absaß.[20]

Weit davon entfernt sich durch die staatliche Repression einschüchtern zu lassen, zeichnete Heine kurz vor Antritt der Haft sein nächstes kritisches Blatt mit dem Titel „Wie ich meine nächste Zeichnung machen werde" (3. Jahrgang, Nr. 34), welches ihn an eine Eisenkugel gefesselt in einem Gefängnis zeigt. Diese Einstellung war symptomatisch für viele andere couragierte Zeichner der Kaiserzeit, die mutig und unverbissen Unrecht und Missstände beim Namen nannten. Für den „Simplicissimus" entpuppte sich der Skandal um Heines Zeichnung im Übrigen als Glücksfall. Denn durch die Beschlagnahme der Ausgabe und die Verhaftungen wurde die Zeitschrift bekannter denn je. Dies erkannte auch die Redaktion und legte es in der Folgezeit immer wieder bewusst darauf an, erneut beschlagnahmt zu werden.

Wenn auch der „Simplicissimus" als genial-ketzerischer *Kritiker des Wilhelminismus* heraussticht, so muss zumindest noch der sozialdemokratische „Wahre Jacob" kurz erwähnt werden. Vielleicht noch stärker als der „Simplicissimus" kritisierte die Zeitschrift die sozialen Ungerechtigkeiten der Zeit, Junkertum, Kirche und Bourgeoisie. Im Unterschied zu den nicht parteigebundenen Satireschriften ergänzte der „Wahre Jacob" seine Kritik um positive Gegenideale wie die Forderungen nach dem Achtstundentag, dem Frauenwahlrecht und einer friedlichen Außenpolitik. Die Tatsache, dass zu diesen Periodika weitere – wie die „Fliegenden" und die „Lustigen Blätter" sowie die gemäßigt regierungskritischen Satirezeitschriften „Ulk" (1871-1933) und „Jugend" (1896-1935) – hinzukamen, zeugt von der enormen Nachfrage des Publikums. Um die Jahrhundertwende gab es weltweit kein Land, welches den deutschen Satireblättern ihren Spitzenplatz hinsichtlich Durchschlags- und Innovationskraft streitig machen konnte.

2.7 Europäische und amerikanische satirische Zeitschriften

Stark von europäischen und insbesondere deutschen Einflüssen geprägt zeigte sich die amerikanische Karikatur. So stammten die führenden Vertreter der amerikanischen politischen Satire des 19. Jahrhunderts allesamt aus dem Ausland: Thomas Nast wurde in Deutschland geboren, Jospeh Keppler in Wien und Bernard Gillam in England. Selbst der scheinbar uramerikanische „Comic Strip" – in Deutschland nach dem Zweiten Weltkrieg lange als „kulturlos" verschmäht – hatte seine Ursprünge in den lustigen Bildgeschichten Wilhelm Buschs. Die wichtigsten amerikanischen Satireblätter des 19. Jahrhunderts waren „Harper's Weekly", „Frank Leslie's Illustrated Magazine", „Judge" und „Puck". In Großbritannien dominierte dagegen eine Zeitschrift die Szene: der „Punch". Im Vergleich zu seinen kontinentaleuropäischen Schwestern mutet der „Punch" relativ harmlos, ja fast halb-offiziös an. Die Zeitschrift enthielt wenig Biss und kaum Witz, keine Überzeichnung, kurz, nichts, was Satire ausmacht. Gleiches gilt im Übrigen auch für seinen wohl berühmtesten Zeichner John Tenniel. Tenniel war eher Zeichner und weniger Kommentator, entsprechend fehlen auch seinen bekanntesten Zeichnungen „entscheidende Merkmale dessen, was wir Karikatur nennen: Keine groteske Verzerrung der Figuren und Physiognomien, keine Übertreibungen im Handlungsablauf, in der Wiedergabe des Schauplatzes".[21] Dennoch gilt sein Blatt „Der Lotse geht von Bord" von 1890 bis heute als die berühmteste Karikatur überhaupt!

In Frankreich traten derweil vor allem „L'Assiette au Beurre" (1901-1912) und „Le Rire" (1894-1950) ihren Siegeszug an, während die bekannteste österreichische Satirezeitschrift „Kikeriki" (1861-1933) vor allem durch ihren Antisemitismus von sich reden machte. Bereits drei Jahre zuvor war in Prag der „Humoristické Listy" gegründet worden, welcher 71 Jahre, bis 1928, Bestand hatte. Aber auch in den kleineren Ländern entstanden bedeutende Satirezeitschriften. So wurde 1875 in der Schweiz der „Nebelspalter" gegründet, der bis zum heutigen Tag erscheint und sich deshalb zu Recht als „die älteste humoristische Zeitschrift der Welt" bezeichnen darf. In den Niederlanden schließlich stach lange der „Bijvoegsel De Amsterdammer", mit den Karikaturen seines begnadeten Karikaturisten Johan Braakensiek heraus, welcher von 1886 bis 1927 für das Blatt zeichnete.

2.8 Die Karikatur im Krieg

Ein tiefer Einschnitt in die Entwicklung der deutschen – wie auch der europäischen – Presse ist für 1914 zu konstatieren. Hatten sich bereits in den vorangegangenen Jahren immer mehr Blätter unter dem Eindruck eines zunehmend aggressiveren Imperialismus den jeweiligen Positionen der eigenen Regierung angenähert – zumindest was die Außenpolitik anbetraf – so entwickelte sich die Karikatur mit Ausbruch des Ersten Weltkrieges in allen am Krieg beteiligten Staaten zu einem der wichtigsten *Propagandainstrumente*, von dem immer wieder Gebrauch gemacht wurde.[22]

Ein lenkendes Eingreifen, ein Auf-Linie-Bringen der Redaktionsstuben war dabei häufig gar nicht nötig, wie zuletzt die Unterwürfigkeit der amerikanischen Presse im Vorfeld des Irakkrieges 2003 gezeigt

Abb. 10: Grant Hamilton, „War is Hell" – Sherman. Peace in Cuba under Spanish rule is worse than hell, Judge, 30.4.1898

Ein frühes Beispiel für die Indienstnahme der Karikatur durch die offizielle Propaganda und Herabsetzung des Feindes durch Entmenschlichung: Mit der Darstellung Spaniens als blutrünstiger, mörderischer Gorilla, der das Leben unschuldiger Amerikaner auf dem Gewissen hat, versucht der Karikaturist den Betrachter von der Notwendigkeit des Spanisch-Amerikanischen Krieges von 1898 zu überzeugen. Ein ähnliches Motiv griff Hamilton – ebenfalls auf der Titelseite des „Judge" nur wenige Wochen später, am 9. Juli 1898, unter der Überschrift „The Spanish Brute – Adds Mutilation to Murder" erneut auf.

(Arthur Bartlett Maurice, The history of the nineteenth century in caricature, New York ²1970 (Erstausgabe 1904), S. 337)

hatte. Praktisch alle deutschen satirischen Zeitschriften schwenkten seit dem Juli 1914 freiwillig und in vorauseilendem Gehorsam auf die offizielle Regierungslinie ein. Der „Kladderadatsch“, der dem Liberalismus schon in den 1880er Jahren zunehmend den Rücken gekehrt hatte und auf Bismarcktreue, ja später sogar auf Bismarck-Verehrung umgeschwenkt war, eilte im August 1914 mit fliegenden Fahnen in die „heilige Schlacht“ gegen den französischen „Erbfeind“. Die wüste Verunglimpfung der deutschen Kriegsgegner ging dabei Hand in Hand mit überschwänglichen Huldigungen an die deutschen Truppen und Heerführer, insbesondere an Hindenburg. Der Großteil der Herausgeber und Karikaturisten nahm den Aufruf des Kaisers zur nationalen Geschlossenheit angesichts des ausgebrochenen Weltenbrands nur allzu wörtlich. Selbst der „Wahre Jacob“, im Wilhelminischen Reich immer wieder unterdrückt und verfolgt, erlag dem nationalen Taumel und druckte als farbiges Titelblatt am 28.8.1914 eine Karikatur wie „Nun, Kinder, drauf los! Jetzt hilft nur noch das Dreschen“, in welcher der deutsche Michel mit dem Dreschflegel auf Russen, Briten und Franzosen einschlägt.

Dass sich bei Deutschlands Kriegsgegnern ähnliche Tendenzen zeigten, machte die Sache nicht besser.[23] In allen am Ersten Weltkrieg beteiligten Ländern erlebte der Einsatz von Karikaturen zu Propagandazwecken in negativer Hinsicht einen absoluten Höhepunkt, der an Widerwärtigkeit nur noch durch die späteren antisemitischen Hassbilder des „Stürmers“ (1923-1945) übertroffen wurde. Das Pflastern von Straßen mit Totenköpfen, die Verstümmelung von Frauen und Kindern, ja deren Verspeisung; die Karikatur des Weltkriegs machte im Zuge der Dämonisierung des Feindes vor nichts halt.[24]

2.9 Weimarer Republik: Satiriker schießen die Demokratie sturmreif

Das vergiftete Klima der Weimarer Republik zeigte sich auch und gerade in den Presseerzeugnissen der Zeit: Den bürgerkriegsähnlichen Unruhen auf der Straße entsprachen die publizistischen Auseinandersetzungen zwischen den verfeindeten Lagern. Während die extreme Rechte die ungeliebte Republik mithilfe von Zeitschriften wie „Die Zeitlupe“ (1931) oder die „Die Brennessel“ (1931-1938) attackierte, griff die extreme Linke mit ihren Publikationen wie „Der Knüppel“ (1923-1927), „Eulenspiegel“ (1928-1931) und „Roter Pfeffer“ (1932-1933) aus der entgegen gesetzten Richtung an. Andere neue, oft kurzlebige Zeitschriften, die neben die weiterhin bestehenden Satirezeitschriften „Simplicissimus“ und „Kladderadatsch“ traten, waren „Der rote Knüppel“, „Die Pleite“ und „Faun“. Die großen Themen und Fragen der Weimarer Republik – die Diskussionen um die richtige Staatsform (Demokratie?, Monarchie?, nationalsozialistische Diktatur?, Sowjetrepublik?), der Versailler Vertrag, die Dolchstoßlegende, die wirtschaftliche Not, die bürgerkriegsähnlichen Ausschreitungen zwischen den verfeindeten politischen Lagern, die Rolle des Reichspräsidenten und schließlich die Machtübertragung an die Nationalsozialisten – alle diese Themen wurden von den Karikaturisten beherzt aufgegriffen und je nach politischem Standort unterschiedlich interpretiert.[25]

Die Zeitschrift, welche die Republik am entschiedensten verteidigte, war „Der Wahre Jacob“ (bis 1923 und 1927-1933) bzw. sein zwischenzeitlicher Nachfolger „Lachen links“ (1924-1927)[26]. Und während sich der „Kladderadatsch“ auf die Seite der Republikgegner schlug, fleißig mit an dem Gespinst der Dolchstoßlegende häkelte, gegen den Versailler Vertrag polemisierte und den Völkerbund bekämpfte, blieb der „Simplicissimus“ auch in diesen schweren Zeiten und bei aller Kritik am Weimarer Parteiensystem seinen demokratischen, menschenfreundlichen Idealen treu. Die wohl begabteste Feder der Befürworter der republikanischen Staatsform führte der „Simplicissimus“-Zeichner *Karl Arnold*, der die Demokratie immer wieder engagiert gegen die Angriffe der Extremisten in Schutz nahm. Letztendlich konnte allerdings auch seine Genialität wenig gegen den Zeitgeist ausrichten.

2.10 Die Karikatur im Dritten Reich

Ebenso wie die Oppositionsparteien und andere nichtnationalsozialistische Organisationen wurde die Presse im Zuge der „Machtergreifung“ Hitlers innerhalb kürzester Zeit so effektiv „gleichgeschaltet“, dass das am 20.12.1934 in Kraft getretene „Gesetz gegen heimtückische Angriffe auf Staat und Partei und zum Schutz der Parteiuniformen“, welches die Pressefreiheit komplett abschaffte, eigentlich gar nicht mehr nötig gewesen wäre. Zwar bestanden sowohl „Simplicissimus“ als auch „Kladderadatsch“ noch bis 1944 fort, jedoch hatten die Redaktionen ihre zeichnerische Freiheit komplett eingebüßt. Welche Themen aufgegriffen und wie diese dargestellt wurden, entschied nun das Reichspropagandaministerium. In den „Karikaturen“ der inneren und äußeren Feinde des Regimes, insbesondere in den bekannten antisemitischen Zeichnungen, erlebte auch das frühneuzeitliche Schandbild einen Wiederaufstieg. Th. Th. Heine musste als Jude und hartnäckiger Kritiker des Faschismus ins Ausland fliehen, Zeichner wie Olaf Gulbransson,

Eduard Thöny sowie vor allem Mjölnir (Hans Schweitzer) und Erich Schilling stellten sich dagegen in den Dienst der Nationalsozialisten und zeichneten u.a. für „Das Reich“ (1940-1945).

Abb. 11: Alfred Beier-Red, „Sehen Sie – keine Zeitung schreibt gegen uns; ganz Deutschland ist eine Volksgemeinschaft!“, Roter Pfeffer, 25.2.1933

Die Gleichschaltung der Presse, thematisiert durch den kommunistischen Zeichner Alfred Beier-Red. Beier-Red begann seine Karriere in der Weimarer Republik; später wirkte er rund zwei Jahrzehnte lang als der wohl talentierteste Karikaturist der DDR.

(Ausschnitt aus der Titelseite der Zeitschrift „Roter Pfeffer“, in: Alfred Beier-Red, Ins Schwarze getroffen, Berlin 1970, o. S.)

Pressezensur im Nationalsozialismus

Durch das „Gesetz gegen heimtückische Angriffe auf Staat und Partei“ vom 20.12.1934 legte das Hitler-Regime strengste Zensurbestimmungen fest; Pressefreiheit bestand zu diesem Zeitpunkt dabei längst nicht mehr.

„Artikel 1. § 1. (1) Wer vorsätzlich eine unwahre oder gröblich entstellte Behauptung tatsächlicher Art aufstellt oder verbreitet, die geeignet ist, das Wohl des Reichs oder das Ansehen der Reichsregierung oder das der Nationalsozialistischen Deutschen Arbeiterpartei oder ihrer Gliederungen schwer zu schädigen, wird, soweit nicht in anderen Vorschriften eine schwerere Strafe angedroht ist, mit Gefängnis bis zu zwei Jahren und, wenn er die Behauptung öffentlich aufstellt oder verbreitet, mit Gefängnis nicht unter drei Monaten bestraft.

(2) Wer die Tat grob fahrlässig begeht, wird mit Gefängnis bis zu drei Monaten oder mit Geldstrafe bestraft. [...]“

2.11 Die Karikatur im Sozialismus

Was die sozialistische Karikatur anbetrifft, sind zwei Bereiche zu unterscheiden: Ein Schwerpunkt der sowjetischen sowie der DDR-Zeichnungen lag einerseits auf der Kritik an den „inneren Feinden", andererseits konzentrierte man sich auf den „äußeren Feind", auf die Herabsetzung des westlichen Kapitalismus bzw. später auf die Kritik am „revanchistischen Imperialismus". Über die Anfänge der sowjetischen Karikatur schreibt Georg Piltz, führender Karikaturenforscher der DDR: „Man spießte auf, was sich dem Vormarsch des Sozialismus in den Weg stellte: Kulaken, Popen, NÖP-Händler, Bürokraten, Schönfärber, Faulenzer, Dummköpfe".[27] Ähnliche Kritik an mangelnder Arbeitseinstellung, Disziplinlosigkeit, überbordender Bürokratie und Verschwendung war auch später noch in Maßen erlaubt; diese wurde als „aufbauende" oder „positive" Kritik toleriert. Besonders gern sah das SED-Regime aber Karikaturen, die eigentlich gar keine waren: „plakative Darstellungen, welche die Überlegenheit des sozialistischen Lagers gegenüber der dekadenten westlichen Welt anschaulich machen sollten oder die DDR in bunten Farben als Hort des Friedens und des gesicherten Wohlstands feierten."[28]

Karikaturen, die den „äußeren Feind", die „Kapitalisten", „Ausbeuter", „Reaktionäre", „Militaristen" und „Revanchisten" aufspießen sollten, wirken in ihrer dumpfen, eindimensionalen Agitation dagegen oft abstoßend.[29] Ebenso wie die sowjetischen Künstler schossen sich die DDR-Karikaturisten insbesondere auf die Amerikaner und ihren angeblichen (Dollar-)Imperialismus ein. Eine weitere beliebte Zielscheibe waren westdeutsche Politiker jedweder Couleur; führende Repräsentanten der Bundesrepublik wurden von Alfred Beier-Red und anderen vor allem in den 1950er Jahren immer wieder als „Brandstifter", „Faschisten" und Erfüllungshilfen der USA gebrandmarkt. Weder die Zeichner noch die Chefredakteure der Satirezeitung „Eulenspiegel" oder dem „Neuen Deutschland" besaßen dabei auch nur einen minimalen politischen Spielraum. Welches Thema von der Karikatur aufgegriffen werden durfte, wurde ganz oben entschieden. Lediglich bei den die Außenpolitik behandelnden Zeichnungen verfügten die Künstler über einen gewissen Freiraum. Kritik an der eigenen Führung war selbstverständlich tabu.

Betrachtet man heute Karikaturen aus den damaligen Warschauer-Pakt-Staaten, so stechen vor allem die simplen Botschaften sowie ihr teilweise recht ungelenker Strich ins Auge. Aufgabe der „proletarisch-revolutionären" Karikaturisten war es laut Eigenaussage, „die zeichnerische Pointe so zu formulieren, daß Eindeutigkeit an die Stelle von Vieldeutigkeit trat und der von der Karikatur ausgelöste Denkprozeß in agitatorisch verwertbare Erkenntnis mündete."[30] In der Realität verhinderte aber genau diese Eindeutigkeit, dass beim Betrachter Denkprozesse angestoßen wurden. Das von der sozialistischen Karikatur vermittelte Bild war zu platt, zu offensichtlich eindimensional. Hier die Bösen, da die Guten: Intelligente, kritische Denkende, die zudem gewisse ästhetische Ansprüche stellten, konnte diese Art von Karikatur nicht überzeugen.

Die Aufgaben der Karikatur im Sozialismus

Im Vorwort eines Karikaturenbandes aus der DDR wurden die „Aufgaben der Karikatur im Sozialismus" 1953 wie folgt umrissen:
„Die thematischen Aufgaben der Karikatur sind sehr vielgestaltig. Die Hauptaufgabe ist die satirische Auseinandersetzung mit der menschenfeindlichen Ideologie des Imperialismus, mit ihren Verfechtern, Hintermännern, Lakaien und Agenten. Die deutsche Karikatur konzentriert sich jetzt [...] auf die Bonner Clique und ihre amerikanischen Herren.
Daneben ist in allen Ländern, in denen das Volk regiert, die Satire ein aktives Mittel der gesellschaftlichen Kritik und Selbstkritik geworden. Alle typisch negativen Erscheinungen aus unserem Leben, wie Bürokratie und Schlamperei, Schönfärberei und Sorglosigkeit, Speichelleckerei und Gesinnungslosigkeit werden auf den Spieß der Satire gesteckt."
(Heynowski, Walter, Windstärke 12, Eine Auswahl neuer deutscher Karikaturen, Dresden 1953, S. VIII)

Das drastische „antiimperialistische Kampfbild" prägte die ostdeutsche Karikaturszene bis in die späten 1960er Jahre hinein. Mit der völkerrechtlichen Anerkennung der DDR 1973 und der beginnenden Entspannungspolitik kam aus dem Politbüro dann die Anweisung, die Kritik am Klassenfeind etwas abzumildern; in der Folge erlebten die „aufbauende Karikatur" sowie vor allem das unpolitische Spottbild und harmlose Witzeleien einen starken Aufschwung.

Abb. 12: Kurt Klamann, Der Amokläufer von Bonn, vor 1953

Adenauer als Feind der Freiheit, als Lakai der USA, als „neuer Hitler": „Feindbilder zu prägen, fiel in der DDR in besonderem Maße den Karikaturen in Tagespresse und satirischen Zeitschriften zu. Diese Form der Bildagitation war schnell und preiswert zu realisieren, redaktionell reglementierbar und somit für eine aktuelle, zielsichere und massenhafte Verbreitung sehr geeignet. Im Dienste sozialistischer Ideologie ging es darum, mit emotional wirkungsvollen Karikaturen den „äußeren" und „inneren" Feind sowie allgemein die westliche Gesellschaftsform und Lebensweise zu diffamieren und lächerlich zu machen." (Brandler, Gotthard, Feindbilder. Karikaturen als Waffe, in: Stiftung Haus der Geschichte der Bundesrepublik Deutschland (Hrsg.), Unterm Strich. Karikatur und Zensur in der DDR, Leipzig 2005, S. 33.)

(Walter Heynowski, Windstärke 12, Eine Auswahl neuer deutscher Karikaturen, Dresden 1953, S. 28)

Abb. 13: Boris Jefimov, ohne Titel, 1938

Diese üble agitatorisch-propagandistische Karikatur erschien zur Zeit der dritten Moskauer Schauprozesse. Dargestellt sind Stalins Gegner Rykow, Sokolnikow, Bucharin, Radek und Trotzki (von links nach rechts, auf dem Trog steht „Vaterland"). Zeichner war der als Boris Fridland geborene Boris Jefimov (1900-2008). Dieser wohl bekannteste sowjetische Karikaturist wurde durch seine Anti-Hitler-Karikaturen weltberühmt und zeichnete für die „Prawda", „Iswestija" und die Satirezeitschrift „Krokodil". Dabei konnte es mitunter vorkommen, dass Jefimov seine Aufträge einschließlich genauer zeichnerischer Vorgaben direkt von Stalin im Kreml überreicht bekam (Guardian, 4.10.2008, S. 39).

(David King, Stalins Retuschen, Hamburg 1997, S. 160)

2.12 Die Karikatur im 20. Jahrhundert

Als politisches und journalistisches Ausdrucksmittel fanden Karikaturen zu Beginn des 20. Jahrhunderts immer größere Verbreitung. Neben die satirischen Zeitschriften traten mit Ende des Ersten Weltkrieges nun vermehrt auch in Deutschland die Tageszeitungen, die zunehmend Karikaturen aufnahmen. Wie der kurze Durchgang durch die Geschichte der kritischen Graphik gezeigt hat, blühte die Karikatur insbesondere in Umbruch- und Krisenzeiten auf. Mit dem Ende des Zweiten Weltkrieges hatte die Zeit der militärischen Konflikte in Mitteleuropa dann zum Glück ein Ende. Zwar entstanden auch jetzt noch eine Reihe von Zeichnungen, die sich zugespitzt und engagiert mit der Besatzung und Teilung Deutschlands, dem heraufziehenden Kalten Krieg oder der Frage der deutschen Wiederbewaffnung befassten. Als in Mitteleuropa nun jedoch Wiederaufbau, Versöhnung und Solidarität im Mittelpunkt standen, büßte die Karikatur nach Ansicht vieler Forscher viel von ihrer einstigen Schlagkraft zugunsten weitgehend harmloser humoristischer Zeichnungen ein.[31] Selbst ein David Low, in den 1930er und 1940er Jahren als

Abb. 14: James Gillray, Die (Haupt)Laster, o.J.

Ist die heutige Karikatur vergleichsweise zahnlos? Karikatur Gillrays auf die (angeblichen) Verfehlungen und Laster des britischen Hochadels.

(Eduard Fuchs, Die Karikatur der europäischen Völker vom Altertum bis zur Neuzeit, Bd. 1, Berlin ²1902, S. 260)

brillanter Gegenspieler des Faschismus zu einem der größten Karikaturisten des Jahrhunderts aufgestiegen, suchte nun weitgehend erfolglos nach einem neuen Thema.

Diese Situation änderte sich zu einem bestimmten Grade in den 1960er Jahren mit dem Entstehen neuer sozialer Bewegungen, welche unter dem Begriff der „68er Revolution“ subsumiert werden können. Der Umgang mit der deutschen Vergangenheit, die Auseinandersetzung mit dem Konservatismus der Adenauerzeit sowie der Vietnamkrieg lösten eine neue politische Bewusstseinsbildung innerhalb der westdeutschen Bevölkerung aus, die sich wiederum in den Zeitungen und Zeitschriften der Zeit niederschlug. Deshalb ist nicht ohne weiteres nachzuvollziehen, dass viele Beobachter von einem Niedergang der politischen Karikatur in der zweiten Hälfte des 20. Jahrhunderts sprechen. Wie passen dann die großartigen Karikaturen eines Horst Haitzinger, eines Fritz Behrendt (Deutschland/Holland), eines Plantu (Frankreich) oder Mauldin (USA) ins Bild? Haben nicht die Zeichnungen Herblocks in der „Washington Post“ maßgeblich zur Aufdeckung der dunklen Machenschaften erst Senator McCarthys, dann Präsident Nixons beigetragen? Haben Karikaturisten nicht immer wieder neue zeitgenössische Probleme wie Umweltverschmutzung und Klimawandel aufgegriffen und damit das Problembewusstsein weiter Bevölkerungskreise geschärft? Wie brisant politische Graphik auch noch heute sein kann und welche Aufregung sie auszulösen imstande ist, hat zuletzt der Streit um die dänischen Mohammed-Karikaturen im Jahr 2006 gezeigt.

Auch was die Schärfe der Satire angeht, scheint das Bild vom Niedergang der politischen Karikatur überzogen.[32] Westliche Politiker mussten sich in den zurückliegenden Dekaden immer wieder böse, teils böswillige Darstellungen ihrer Person gefallen lassen. Staatsmänner, die durch ihren konfrontativen, polarisierenden Politikstil, durch offensichtliche oder vermeintliche Verfehlungen im Amt, durch bestimmte (ihnen zugeschriebene) Charaktereigenschaften oder auch nur durch ihre hervorstechende Physiognomie eine besondere Angriffsfläche boten, wurden von den politischen Karikaturisten gnadenlos aufs Korn genommen. Als Beispiel mag die Darstellung der beiden letzten US-Präsidenten genügen: Während Bill Clinton nach der Lewinsky-Affäre häufig mit offener Hose bzw. offenem Hosenschlitz gezeichnet wurde, stellten führende britischen Karikaturisten George W. Bush mit Vorliebe als schießwütigen, tumben Affen mit riesigen Ohren und einer hässlichen Fratze dar. Trotz der scheinbar unaufhaltsamen Expansion der neuen Medien, trotz sinkender Auflagen der Tageszeitungen ist deshalb zu konstatieren: Die politische Karikatur lebt. Angesichts der veränderten Seh- und Lesegewohnheiten, dem Verlangen nach immer mehr Bildern und schneller Informationsvermittlung, ist davon auszugehen, dass sich ihr Gewicht in Zukunft eher noch vergrößern als verringern wird, auch wenn sich ihre Form im „visuellen Zeitalter" vielleicht verändern mag: In den USA erhielt 2010 mit Mark Fiore ein Künstler den begehrten Pulitzer-Preis, dessen Karikaturen nicht mehr auf Papier, sondern in animierter Form auf der Online-Plattform des San Francisco Chronicle erscheinen.[33] Mit ihrer Abkehr vom statischen Bild und der Nutzung von Soundeffekten ähneln diese Karikaturen am ehesten kurzen Zeichentrick-Videoclips.

Abb. 15: Horst Haitzinger, Neuordnung, 11.4.2003

Horst Haitzinger, geboren 1939, zeichnete bereits in den 1950er Jahren für den wieder gegründeten „Simplicissimus" und gilt heute als einer der besten Karikaturisten im deutschsprachigen Raum. Seine Zeichnungen erscheinen in zahlreichen Regionalzeitungen und genießen einen entsprechend weiten Verbreitungsgrad.

(Horst Haitzinger, Politische Karikaturen (2002/2003), München 2003, S. 53)

Anmerkungen

1 Fuchs, Eduard, Die Karikatur der europäischen Völker vom Altertum bis zur Neuzeit, Berlin ²1902, S. 68. Für den Karikaturenforscher Eduard Fuchs haben wenige Anführer großer Volksbewegungen die Bedeutung der Bildwirkung so klar begriffen wie Luther: „Er wusste, dass die Wunden, die sie schlägt, die gefährlichsten für die Gegner waren, [...] er erkannte, dass die volkstümliche Karikatur in erster Linie dort ihre zerstörerische Wirkung äußert, wo alte, ehrwürdige Institutionen immer ihren Hauptstützpunkt haben, in dem Ansehen und der Ehrfurcht bei den Massen."

2 Napoleon beispielsweise schlug 1802 ein Gesetz vor, wonach alle publizistischen Kritiker „den Mördern und Fälschern gleichgestellt" sein sollten. Innerhalb seines Herrschaftsbereiches gelang es ihm, die kritische Graphik effektiv zu unterdrücken. Seidler, Franz W., Das Militär in der Karikatur, München 1982, S. 24 f.

3 Abgebildet in: Wynn Jones, Michael, The Cartoon History of Britain, London 1971, S. 20.

4 Für diese und weitere Beispiele vgl. den reich illustrierten Band von Wynn Jones, ebd.

5 Piltz, Georg, Geschichte der europäischen Karikatur, Berlin (Ost) ²1980, S. 72.

6 Hess, Stephen, The Ungentlemanly Art. A History of American Political Cartoons, New York 1968, S. 16.

7 Wynn Jones, Michael, The Cartoon History of Britain, London 1971, S. 63.

8 Maurice, Arthur Bartlett, The history of the nineteenth century in caricature, New York ²1970 (Erstausgabe 1904), S. 4.

9 Der Originaltitel der Karikatur lautet „Very slippery weather". Bei den im Schaufenster ausgestellten Zeichnungen handelt es sich um ältere Werke Gillrays. Die Bedeutung des offensichtlich gerade gestürzten Mannes im Bildvordergrund, der ein Thermometer in der Hand hält, lässt sich nicht mehr ermitteln.

10 Einige schöne Unterrichtsvorschläge zur Arbeit mit Bildtraditionen finden sich bei Fieberg, Klaus, „Frei nach Michelangelo". Bildzitate und Bildadaptionen in zeitgenössischen Karikaturen, in: Praxis Geschichte 1/2004, S. 41-45.

11 Auch hierzu liegt ein sehr gelungener Unterrichtsvorschlag Fiebergs vor: Fieberg, Klaus, Der Deutsche Michel. Realität und Wunschbild im Spiegel zweier Karikaturen, in: Praxis Geschichte 3/2006, S. 12-15.

12 Dollinger, Hans, Lachen streng verboten. Die Geschichte der Deutschen im Spiegel der Karikatur, München 1972, S. 9.

13 Piltz, Georg, Geschichte der europäischen Karikatur, Berlin (Ost) ²1980, S. 114. Vgl. a. Cuno, James, Charles Philipon, La Maison Aubert, and the business of caricature in Paris, 1829-41, in: Art Journal 43 (1983), H. 4, S. 347-354 sowie Kerr, David, Caricature and French political culture 1830-1848: Charles Philipon and the illustrated Press, Oxford 2000.

14 Zit. n. Piltz, Georg, Geschichte der europäischen Karikatur, Berlin (Ost) ²1980, S. 122. Das Attentat auf Louis Philippe vom 28.7.1835 wurde als Vorwand genutzt, um endlich die Presse mundtot zu machen.

15 Hartenstein, Liesel, Die Geschichte des Kladderadatsch, in: dies. (Hrsg.), Facsimile Querschnitt durch den Kladderadatsch, o.O., o.J., S. 8.

16 Lammel, Gisold, Majestätsbeleidigung. Die Hohenzollern in der Karikatur, Berlin 1998, S. 8.

17 Ebd. S. 18.

18 Koch, Ursula; Sagave, Pierre-Paul, „Le Charivari“. Die Geschichte einer Pariser Tageszeitung im Kampf um die Republik (1832 - 1880), Köln 1984, S. 32.

19 Hartenstein, Liesel, Die Geschichte des Kladderadatsch, in: dies. (Hrsg.), Facsimile Querschnitt durch den Kladderadatsch, o.O., o.J., S. 12.

20 Lang, Lothar, Thomas Theodor Heine (Klassiker der Karikatur), Berlin [2]1984, S. 123.

21 Arndt, Karl, „Dropping the Pilot“ oder „Der Lotse geht von Bord“, in: Guratzsch, Herwig (Wilhelm-Busch-Gesellschaft) (Hrsg.), Der Lotse geht von Bord, Bielfeld 1990, S. 16.

22 Vgl. a. Shelton Caswell, Lucy, Drawing Swords: War in American Editorial Cartoons, in: American Journalism, 21, 2 (2004), 13-45.

23 Gervereau, Laurent, Karikatur und Geschichte in Frankreich, in: Westfälisches Landesmuseum für Kunst und Kulturgeschichte Münster (Hrsg.), Von de Gaulle bis Mitterand. Politische Karikatur in Frankreich 1958-1987, Münster 1987, S. 23. Vgl. a. Gardes, Jean-Claude, La caricature en guerre: Allemagne, 1914-1918, in: Le Temps des médias 4 (2005), H. 1, S. 151-161. (http://www.cairn.info/revue-le-temps-des-medias-2005-1-page-151.htm)

24 Einen ausgezeichneten Überblick gibt Demm, Eberhard, Der Erste Weltkrieg in der internationalen Karikatur, Hannover 1988. Martin Walker stellte 1978 verwundert fest, dass die anglo-amerikanische Karikatur im Ersten Weltkrieg mit dem Kaiser härter als mit Hitler umgegangen sei. Walker, Martin, Daily Sketches. A Cartoon History of Twentieth Century Britain, London 1978, S. 12.

25 Vgl. Schnakenberg, Ulrich; Weickardt, Jan, „Abführung der Republik“. Der Untergang Weimars in der Karikatur, in: Geschichte lernen 127 (2009), S. 21-27; sowie Schnakenberg, Ulrich, Ist der nächste Krieg schon vorprogrammiert? – Der Versailler Vertrag in zeitgenössischen Zeitungsartikeln und Karikaturen, in: www.lehrer-online.de, 2007 (http://www.lehrer-online.de/versailler-vertrag.php)

26 „Der Wahre Jacob“ musste sein Erscheinen bedingt durch die Hyperinflation im Oktober 1923 einstellen. Als Nachfolger erschien 1924 „Lachen Links“, 1927 kam das Blatt unter seinem alten Namen unter der Führung von Friedrich Wendel zurück. Schütz , Hans J. (Hrsg.), Der wahre Jakob. Ein halbes Jahrhundert in Faksimiles, Bonn 1977, S. XI.

27 Piltz, Georg, Geschichte der europäischen Karikatur, Berlin (Ost) [2]1980, S. 246.

28 Schwalme, Reiner, Wunschbilder. Gezeichnete Propaganda, in: Stiftung Haus der Geschichte der Bundesrepublik Deutschland (Hrsg.), Unterm Strich. Karikatur und Zensur in der DDR, Leipzig 2005, S. 50.

29 Vgl. Grünewald, Dietrich, Karikatur im Unterricht. Geschichte, Analysen, Schulpraxis, Weinheim 1979, S. 41.

30 Piltz, Georg, Geschichte der europäischen Karikatur, Berlin (Ost) [2]1980, S. 7.

31 Melot, Michel, Die politische Karikatur Frankreichs in den letzten 50 Jahren, in: Westfälisches Landesmuseum für Kunst und Kulturgeschichte Münster (Hrsg.), Von de Gaulle bis Mitterand. Politische Karikatur in Frankreich 1958-1987, Münster 1987, S. 28.

32 Vgl. Seymore-Ure, Colin, What Future for the British Political Cartoon?, in: Journalism Studies 2 (2001), H. 3, S. 333-355.

33 Der Pulitzer-Preis wird seit 1922 jedes Jahr auch an politische Karikaturisten vergeben. Die Homepage des San Francisco Chronicle findet sich unter www.SFGate.com.

3. Medientheoretische Überlegungen

3.1 Zur Typologie der politischen Karikatur

Neben vielen Besonderheiten, welche die kritische Graphik vom Gemälde oder dem Foto unterscheiden,[1] weisen Karikaturen unter geschichtsdidaktischer Hinsicht gleichzeitig auch eine Vielzahl von Gemeinsamkeiten mit anderen Bildquellen auf. Bilder und „graphische Leitartikel" reduzieren gleichermaßen Komplexität, regen zum Fragen an und motivieren häufig durch Emotionalität. Dabei folgen sie „spezifischen visuellen Gesetzen, die auf subtile Art und Weise Aussagen ermöglichen, die Texte unter Umständen nur viel umständlicher präsentieren würden".[2] Gerade weil Bilder allgemein wie graphische Kommentare im Besonderen „notwendig beschränkt" sind, lösen sie Vermutungen, Fragen, Erkenntnisdrang aus. Beide versenden ihre Botschaft zudem innerhalb weniger hundertstel Sekunden.[3]

Insbesondere Karikaturen sind dabei keine Bildquelle, die anstrengungslos rezipiert werden kann. Denn auf Geschichte bezogene Bilder stehen generell „immer innerhalb eines Prozesses, innerhalb einer Geschichte. Sie beziehen sich nicht auf ein einzelnes Ereignis, sondern gehen darüber hinaus. In ihnen ist stets eine ganze Geschichte verdichtet."[4] Für die Karikatur gilt dies im besonderen Maße, wobei neben umfangreichem Kontextwissen das Wissen um die Bedeutung von Symbolen, um gängige darstellerische Mittel sowie die Kenntnis der spezifischen Eigenschaften dieser Quellengattung für eine adäquate Interpretation unerlässlich sind.

3.1.1 Sachliche Veranschaulichung, bissiger Kommentar, Propaganda

Mittlerweile liegen einige Arbeiten vor, welche, zumeist aus kommunikationstheoretischer oder kunstgeschichtlicher Sicht, eine Typologie der politischen Karikatur vorgestellt haben. Diese Versuche einer Kategorisierung des Mediums sollen im Folgenden um wichtige geschichtsdidaktische Aspekte ergänzt werden. Zu betonen ist dabei, dass die hier entwickelte Typologie idealtypisch zu verstehen ist. In der Praxis wird man nicht immer sauber zwischen den individuellen Ausprägungen unterscheiden können.

Typologien der politischen Karikatur

Inhaltscharakter	Ereigniskarikatur Beispiel: Abb. 24	Prozesskarikatur Beispiel: Abb. 29	Zustandskarikatur Beispiel: Abb. 36
Kommentar-charakter	deskriptiv Beispiel: Abb. 2	kommentierend Beispiel: Abb. 33	agitatorisch-propagandistisch Beispiel: Abb. 12
Typencharakter	apersonale Sach-karikatur Beispiel: Abb. 40	personale Typen-karikatur Beispiel: Abb. 44	personale Individualkarikatur Beispiel: Abb. 47
Quellencharakter	zeitgleich Beispiel: Abb. 28	zeitgenössisch/ retrospektiv Beispiel: Abb. 27	-
Anspruchs-charakter	pointiert Beispiel: Abb. 22	komplex Beispiel: Abb. 18	-

Im Mittelpunkt einer zu untersuchenden Karikatur steht zunächst die Frage nach dem behandelten *Inhalt*. Hier bietet es sich an, zwischen der Darstellung eines bestimmten historischen Ereignisses (z.B. Abb. 43), eines längeren Prozesses (z.B. Abb. 48) bzw. der Beschreibung eines historischen Zustands (z.B. Abb. 3) zu unterscheiden.

Ein äußerst wichtiges Unterscheidungsmerkmal ist zudem der *Kommentarcharakter* der Zeichnung: Handelt es sich um eine eher deskriptive Karikatur, die sich mit Wertungen weitestgehend zurückhält? Oder handelt es sich um eine eindeutig Stellung beziehende, kommentierende Karikatur? Ist letzteres der Fall, schließt sich die Frage an, inwieweit sich der Karikaturist im Rahmen des demokratischen Konsenses bewegt: Ist die Aussage des Karikaturisten nur stark verzerrt, noch vertretbar, manipulativ oder ist bereits die Schwelle zur agitatorisch-propagandistischen Karikatur übertreten?[5]

Ein drittes Unterscheidungsmerkmal zwischen Karikaturen bezieht sich auf die Frage nach der *Verwendung von Typen*, realen Personen bzw. den Verzicht auf Typen und Persönlichkeiten. Hinsichtlich dieser Kategorie hat sich eine Unterscheidung in (apersonale) Sachkarikatur, (personale) Typenkarikatur und (personale) Individualkarikatur etabliert.[6] Letztere ist die am weitesten verbreitete Form der Karikatur, wobei individuelle Körpermerkmale etwa von berühmten Politikern häufig verfremdet und Gestik und Mimik in Beziehung zu dem dargestellten Sachverhalt gebracht werden. Die Schwierigkeit für Schüler liegt dabei oft darin, die dargestellten Personen zu erkennen.

Ähnliche Probleme treten häufig auch bei der Arbeit mit personalen Typenkarikaturen auf, in denen Staaten, Gruppen, Völker auf „einen Individualtypus reduziert werden"[7]; jedoch lassen sich die wichtigsten

Typen (soziale Typen, Nationalcharaktere) relativ schnell lernen und stehen nun dauerhaft zur Verfügung. Dass die eher seltener auftretende apersonale Sachkarikatur, die auf personale Darstellungen völlig verzichtet und das zu karikierende Problem stattdessen mittels Gegenständen und Metaphern versinnbildlicht, für Schüler leicht zu erschließen ist, kann allerdings nicht behauptet werden. Im Gegenteil, die hier häufig Verwendung findenden Symbole sind eher oft noch schwerer zu interpretieren.

Typencharakter der politischen Karikatur

	apersonale Sachkarikatur	personale Typenkarikatur	personale Individualkarikatur
Beschreibung	Verzichtet auf die Darstellung von Typen oder realen Personen. Arbeitet stattdessen mit Symbolen, Gegenständen oder Bildmetaphern.	Arbeitet mit bestimmten „Typen" (z.B. der Zigarre rauchende Unternehmer bzw. Kapitalist, der Monokel tragende kaiserliche Offizier) oder Nationalcharakteren, indem sie Gruppen oder Völker auf einen einfachen Typ, ein Klischee reduziert.	Stellt reale Persönlichkeiten – allerdings zumeist verzerrt – dar. Sie verfremdet dabei individuelle Körpermerkmale oder Eigenschaften der karikierten Person. Oft wird der „Aufgespießte" mit einem unverkennbaren Attribut versehen.
Beispiele	Tierkarikatur, Waage, erlöschende Kerze, offene bzw. geschlossene Tür, antike Mythen (z.B. das trojanische Pferd), Brücke, (unvollendetes) Gebäude	Nationalcharaktere: der deutsche Michel, Uncle Sam, John Bull, Marianne Soziale Typen: Unternehmer, Militarist, Arbeiter, „fauler Student"	Bismarcks drei Haare; de Gaulles lange Nase; Darstellung Louis-Philippes bzw. Kohls als „Birne"; Erhard als Zigarre rauchender Patriarch
Verweis auf Karikaturen	Abb. 40	Abb. 8, 19, 44	Abb. 12, 37, 43

Der Vergleich zwischen den unterschiedlichen Typen bzw. der Verzicht hierauf mag aus kunsthistorischer bzw. kommunikationstheoretischer Sicht durchaus interessant sein. Geschichtsdidaktisch wichtiger ist eine Differenzierung hinsichtlich des *Quellencharakters* sowie des Anspruchcharakters der im Unterricht behandelten Zeichnungen. So wie Sauer zwischen „zeitgleichen" Bildern und später entstandenen „Geschichtsbildern" unterscheidet,[8] so muss auch die „zeitgleiche" Karikatur, welche eine unmittelbare Reaktion auf das thematisierte Ereignis darstellt, klar von jenen Zeichnungen abgegrenzt werden, welche erst deutlich nach den thematisierten Ereignissen bzw. Prozessen entstanden sind (vgl. etwa Abb. 41, die eine Interpretation der „Entdeckung“ Amerikas durch Kolumbus aus heutiger Sicht liefert). Zur deutlicheren Unterscheidung dieser zwei Typen bieten sich die Begriffe „zeitgleiche“ versus „zeitgenössische“ bzw. „retrospektive“ Karikatur an.

Was den *Anspruchscharakter* der im Unterricht Verwendung findenden Zeichnungen anbetrifft, erscheint Johannes Werners Unterteilung zwischen „pointierten“ Karikaturen, welche sich hinsichtlich Inhalt und Aussage eher leicht erschließen lassen, und „komplexen“ Karikaturen, die anspruchsvoller und nur mit einigem Aufwand zu entschlüsseln sind,[9] auf den ersten Blick trivial. Unterrichtspragmatisch ist es jedoch unverzichtbar, sich über den Anspruchscharakter der einzusetzenden Quelle bewusst zu sein. „Pointierte“ Karikaturen eignen sich eher für einen Einstieg in eine Unterrichtsreihe, da sie schneller zu erfassen und zumeist auch leichter zu problematisieren sind. Auch wenn man eine Lerngruppe zum ersten Mal an die Karikaturarbeit heranführen möchte, sind diese weniger anspruchsvollen Zeichnungen gut geeignet. Beispiele hierfür sind u.a. die Abb. 4, 5, 17, 25, 28, 34, 37, 40 und 51.

Was komplexere Zeichnungen anbetrifft, ist der (Zeit-)Aufwand bedeutend höher. Diese sind daher eher als Arbeitsmaterial einzusetzen, welches über einen längeren Zeitraum trägt. Erst zum Ende einer Unterrichtseinheit, wenn die Schüler umfangreiches Kontextwissen erarbeitet haben und die Methodik der Karikaturenanalyse sicher beherrschen, wird sich der Zeitaufwand bei der Behandlung „komplexer“ Karikaturen deutlich verringern.

Welche Schwierigkeiten bei der typologischen Einordnung von Karikaturen auftreten können, soll abschließend anhand eines Beispiels (Abb. 16) verdeutlicht werden. Was den Inhaltscharakter der Zeichnung Schoenfelds anbetrifft, so lässt sich nicht eindeutig zwischen Prozess- und Zustandskarikatur unterscheiden. Ebenso kann man darüber streiten, ob die Karikatur noch als „kommentierend“ bezeichnet werden kann oder schon in die Kategorie „agitatorisch-propagandistisch“ fällt – dies hängt letztendlich vom politischen Standpunkt des Betrachters ab und muss deshalb auch im Unterricht ergebnisoffen diskutiert werden. Eindeutiger lassen sich dagegen Typen-, Quellen- und Anspruchscharakter der Karikatur bestimmen. Da die Zeichnung mit minimalem zeitlichen Abstand zu den thematisierten Ereignissen entstanden ist, kann sie als „zeitgleiche“ Karikatur bezeichnet werden; gleichzeitig deutet die (leicht verzerrte) Darstellung Gysis und Lafontaines auf ihren Charakter als „personale Individualkarikatur“ hin. Die enorme Detailverliebtheit des Autors, die zahlreich verwendeten Anspielungen und Symbole (vgl. die Tabelle S. 108), machen sie schließlich zu einer äußerst „komplexen" Karikatur.

Abb. 16: Karl-Heinz Schoenfeld, ohne Titel, Bayernkurier, 23.6.2007

Prozess- oder Zustandskarikatur? Noch Kommentar oder schon „agitatorisch-propagandistische" Karikatur? Beispiel für die Grenzen von Typisierungsversuchen.

(Sammlung des Autors)

3.1.2 Doppelbilder, Vorher-Nachher-Karikatur, kontrastive Parallelkarikaturen und Bilderzyklen

Eine Sonderstellung innerhalb der Gattung Karikatur haben so genannte Doppelbilder sowie Bilderzyklen inne. Während erstere noch genauer in diachrone Vorher-Nachher-Karikaturen, „synchrone Antonyme" und „kontrastive Parallelkarikaturen" eingeteilt werden können, gehören die Bilderzyklen zu den „erzählenden Bildern", welche Vorgänge, Abläufe und Zusammenhänge zeigen und starke Parallelen mit dem Comicstrip aufweisen. Gerade diese speziellen Erscheinungsformen graphischer Kommentare versprechen im Geschichtsunterricht ein besonderes Potential, auf das an späterer Stelle (Kapitel 4.4 und 4.6) noch genauer eingegangen werden wird.

Abb. 17: Plantu, ohne Titel, Oktober 1981

Beispiel für eine diachrone Vorher-Nachher-Karikatur. Andere Doppelbilder lassen sich in die Kategorien „kontrastive Parallelkarikatur“ bzw. „synchrone Antonyme“ unterscheiden, welche sich diametral widersprechende Positionen bzw. die Gleichzeitigkeit von Ungleichem thematisieren.

Diese Zeichnung Plantus, dem wohl einflussreichsten französischen Karikaturisten der Gegenwart, ist zudem ein gutes Muster für eine Karikatur mit eher geringem Anforderungsniveau. Sie lässt sich in praktisch allen Schulstufen und -formen einsetzen. Im Geschichtsunterricht könnte die Zeichnung im Rahmen des Themas Imperialismus sowie Dekolonisierung Verwendung finden; im Politikunterricht kann sie in einer Unterrichtsreihe zu „Globalisierung und Welthandel“ oder „Entwicklungspolitik“ eingesetzt werden. Methodisch bietet sich eventuell ein Abdecken des unteren Bildes an, so dass die Schüler zunächst eigene Ideen für eine „Nachher-Karikatur“ entwickeln und diese anschließend mit der Umsetzung durch den Zeichner vergleichen können.

(Plantu, C'est le goulag!, Paris 1983, S. 118)

The Observer Sydney 1959

Abb. 18: Les Tanner, ohne Titel, The Observer Sidney, 1959

Ein sehr schönes Beispiel für einen Bilderzyklus: Die Weltgeschichte zwischen 1939 und 1959 aus australischer Sicht. Im Unterschied zu europäischen Karikaturen sticht insbesondere die China und Indien zugemessene Bedeutung ins Auge. Die Zeichnung eignet sich gut für den Einsatz in einem Geschichtsunterricht, der Wert auf Globalgeschichte und die Förderung narrativer Kompetenzen legt.

(Peter Coleman, Cartoons of Australian history, Melbourne ²1973, S. 52)

3.2 Gestaltungsmittel der politischen Karikatur

Wer Karikaturen im Unterricht einsetzt, muss sich nicht nur über den formalen Inhalt, sondern auch über die Techniken der satirischen Kritik, ihre Stilformen und das klassische Zeichenrepertoire der Karikaturisten im Klaren sein. Karikaturisten arbeiten mit Verkürzungen und Verdichtungen: Sie personifizieren Begriffe, übersetzen komplexe Prozesse und Ereignisse in alltägliche Szenen und kleiden befremdliche oder bedrohliche Vorgänge in vertraute Situationen. Häufig nutzen sie zu diesem Zweck allgemeinverständliche „natürliche Metaphern" wie bestimmte Bewegungen, einen speziellen Gesichtsausdruck, unterschiedliche Größenverhältnisse oder stark akzentuierte Gegensätze.[10] Außerdem greifen Karikaturisten gerne sprachliche Metaphern, Redensarten und bekannte Phrasen auf und setzen diese zeichnerisch „ins Bild". Häufiger, wenn auch nicht notwendiger Bestandteil von Karikaturen ist zudem der Witz,[11] wobei sich folgende Haupttechniken graphischer Satire unterscheiden lassen:

- Assoziation (Analogie, Vergleich)
- Transposition (Ersetzung, Vertauschung)
- Transformation (Verwandlung, Hybridbildung)
- Kontradiktion (Darstellung durch das Gegenteil, Betonung von Widersprüchen oder Paradoxien)
- Übertreibung (Verzerrung, Hervorhebung, Über- oder Unterdimensionierung)
- Parodie (Nachahmung, Persiflage, Scherz, Spott, Hohn)
- Wort- und Bildspiele (Mehrdeutigkeiten, Konnotationen)
- Verkleidung (Maskieren, Verstecken)
- Satire (scharfer, beißender Witz, Ironie, Sarkasmus)
- Narration (Verbreitung von Märchen, Mythen, Gerüchten)
- Aneignung (Zitat, Adaption, Verfremdung)
- Transmutation (Verfremdungen, die über das klassische Mittel der Verzerrung physiognomischer Merkmale hinausgehen, etwa die Gleichstellung von Saddam und Hitler)[12]
- Typisierung (Synekdoche)
- Metapher (Vergleich)
- Kontrast zwischen bzw. Zusammenspiel von Wort und Bild: die wenigsten Karikaturen kommen ohne Text aus, oft wird der satirische Effekt erst durch den Text erzielt.[13]

Die besondere Stärke guter Karikaturen ist es dabei, einen Sachverhalt so auf seinen Kern zu reduzieren und zu pointieren, dass auch komplexere Vorgänge eingängig und leicht verständlich werden bzw. eine bestimmte Position glaubwürdig und überzeugend präsentiert wird. Um ihre Botschaft in Sekundenschnelle zu vermitteln – viel länger verwendet der durchschnittliche Zeitungsleser nicht auf das Betrachten einer Karikatur – greifen die Zeichner auf ein bestimmtes Symbolrepertoire zurück. Diese Chiffren gilt es zu entschlüsseln. Dementsprechend müssen die Schüler u.a. über die folgenden Fähigkeiten und Fertigkeiten verfügen bzw. diese erlernen:

- Personifikationen auflösen: z.B. Engel in Frieden, Mars in Krieg, Justitia in Recht, römischen Kaiser in Alleinherrscher/Diktator
- Nationalcharaktere kennen: z.B. Michel, Marianne, Germania, John Bull, Britannia, Uncle Sam, Columbia
- Typen identifizieren: Unternehmer (mit Zigarre im Mund), Arbeiter (mit Werkzeug und Blaumann), Trinker, Spieler, kaiserlicher Offizier (mit Monokel), nationalsozialistischer Offizier (mit Monokel und Eisernem Kreuz), Jurist (in Robe), Priester (im Talar)
- „feststehendes konventionelles Zeichenrepertoire" erkennen: Hoheitszeichen (Flaggen, Bundes- und Reichsadler), historische Symbole politischer Parteien und Bewegungen
- Symbole deuten: z.B. Krone, Zepter, phrygische Mütze, Tiara, Bischofsstab, Hakenkreuz, Hammer und Sichel, Hitlerbärtchen, Davidstern, Eisernes Kreuz, Pickelhaube, Zylinder, Ballonmütze, (roter) Stern, Zylinder, Zigarre, Palmzweig, Taube, Geier, Besen
- Die im Mensch-Tier-Vergleich steckenden Eigenschaften erkennen: z.B. Fuchs (schlau), Krebs (geht rückwärts), Schlange (falsch und gefährlich), Lamm (gutgläubig, wehrlos und naiv), Maulwurf (blind), Spinne (fängt Lebewesen im Netz, um sie zu töten)
- Natürliche Metaphern verstehen: z.B. dunkle Wolken, steigende Flut, Gewitter, Licht – Finsternis, hässlich – schön, geöffnete – geschlossene Tür, schwarz – weiß, dick – dünn, mager – fett, trocken – nass, Krankenbett, „fünf vor zwölf", die Hand reichen, Grab(stein), Sarg, Friedhof, Brücken bauen, Ausverkauf, Kasse, Schranke, Bruchlandung, Unfall, Brand, Brandfackel, Zeitbombe, aufgehende Sonne, etwas verspeisen, am Ruder stehen, jemanden melken, Kette, Fessel, abgenagte Fischgräten/leerer Teller, dicker Bauch
- Politische Metaphern kennen: Waage, Gleichgewicht, Abwärtsbewegung, Aufstieg, Wettrennen, Abschreckung, Entspannung, Hass säen, soziales Netz bzw. Hängematte
- Über ein Wissen von historischen Situationen verfügen, auf die die Karikaturen anspielen: Erdolchung Cäsars, brandschatzende Wikinger, Napoleons Rückzug aus Russland, „persönliches Regiment" Kaiser Wilhelms II., „Machtergreifung", Boykott jüdischer Geschäf-

te, „München 1938“, Eisenbahntransporte in die Vernichtungslager, Mauerbau 1961

- Historische Personen identifizieren und benennen können: Cäsar, Napoleon, Bismarck, Adenauer, Churchill, Stalin
- Historische Bildzitate als solche erkennen: Flaggenhissung über dem Reichstag/auf Iwo Jima, Michelangelos Gemälde in der Sixtinischen Kapelle, „Dropping the pilot“, Munchs „Der Schrei“, da Vincis „Mona Lisa“
- Literaturzitate erkennen: z.B. Goethes Zauberlehrling, Schillers Wilhelm Tell, Don Quichotte, Struwwelpeter, Suppenkasper, Märchen (Hänsel und Gretel), Geschichte vom Hasen und Igel, Rattenfänger von Hameln, Baron von Münchhausen, Faust und Mephisto
- Visualisierte Redensarten wieder in Sprache übersetzen können: „ein Brett vor dem Kopf“, „Krokodilstränen weinen“, „im selben Boot sitzen“, „das Boot ist voll“, „den Gürtel enger schnallen“, „den gordischen Knoten zerschlagen“, „fallen wie ein reifer Apfel“, „auf gleicher Augenhöhe“, „ein Balanceakt“, „die Zeit zurückdrehen“, „mit Dreck bewerfen“, „jemandem an die Gurgel gehen“, „der Elefant im Porzellanladen“, „ein Drahtseilakt“, „eine Brücke (der Verständigung) bauen“, „jemanden zur Schnecke machen“, „Sand ins Getriebe streuen“
- Allegorien auflösen: Löwe als Symbol Englands, Freiheitsstatue als Allegorie auf Freiheit und Gerechtigkeit, Geier für Pleite, Gerippe für Tod, Gott Mars für Krieg, Pfeile schießender Amor für Liebe, Gespenst für Krise
- Über Wissen von der antiken Mythologie verfügen: z.B. Entführung Europas durch Zeus, die Odyssee, das trojanische Pferd, Schwert des Damokles
- Bibelzitate und christliche Ikonographie identifizieren: z.B. „ich wasche meine Hände in Unschuld“, Moses' Gesetzestafeln, Adam und Eva (und die Schlange), die Arche Noah, das Paradies.[14]

3.2.1 Typen und Nationalallegorien

Schaut man sich das „Arsenal der Karikaturisten“ (Gombrich) einmal genauer an, stechen zwei Satiretechniken besonders heraus. Karikaturisten lieben es, unterschiedliche gesellschaftliche Gruppen durch geschickt gewählte, eingängige Attribute und Allegorien zu identifizieren bzw. zu charakterisieren. Im Laufe der Zeit haben sich so für einige dieser Gruppen bestimmte *Typen* eingebürgert: der gierige, wohlgenährte Unternehmer, der ausgebeutete Arbeiter, der zerstreute Professor, der strenge Schulmeister, der langweilige Spießbürger, der arrogante Offizier oder der korrupte Richter.

Haitzingers Darstellung eines Unternehmers: Anzug, Zylinder und Zigarre

Haitzingers Darstellung eines Arbeiters: breites Kreuz, Helm und Latzhose

Abb. 19: Beispiele für leicht identifizierbare Typen, die jeweils für bestimmte Gesellschaftsgruppen stehen. Andere typische Beispiele sind unter anderem Daumiers Juristen und Thomas Theodor Heines Spießbürger und kaiserliche Offiziere.

(Horst Haitzinger, Politische Karikaturen, München 1999, S. 25)

Als mindestens ebenso beliebt wie die Verwendung von sozialen Typen erwies sich etwa seit dem ausgehenden 19. Jahrhundert der Einsatz von *Nationalallegorien.* Diese galten lange als wichtigste Zutat einer klassischen Karikatur. Inzwischen geht der Trend allerdings eher weg von der Nationalallegorie und hin zur personalen Typenkarikatur. Karikaturisten versinnbildlichen heute die wichtigsten Nationen eher durch deren führende Staatsmänner anstatt durch *Nationalstereotype.* So wird Deutschland mittlerweile nur noch in Ausnahmefällen durch den deutschen Michel, dessen Verwendung seit der Zeit des Vormärz nachweisbar ist und rund hundert Jahre lang außerordentlich beliebt war, dargestellt.[15] Fast völlig in Vergessenheit geraten ist die früher so populäre Figur der Germania. Bei einer Umfrage unter 70 Karikaturisten in Europa und Nordamerika gab lediglich einer an, dieses Motiv gelegentlich zu verwenden.[16]

Eine ähnliche Entwicklung zeichnet sich für andere Länder ab: So wie die Verkörperung Englands durch John Bull deutlich nachgelassen hat,[17] so wird das Vereinigte Königreich nur noch in den seltensten Fällen durch die Figur der Britannia, den britischen Löwen, die Bulldogge

Abb. 20: Anonyme amerikanische Karikatur aus der Zeitschrift Utica, 2.5.1903

Diese amerikanische Karikatur (Thema: Streit der Großmächte um China) ist insofern interessant, als sie in besonders innovativer Weise verschiedene klassische Nationalcharaktere vermischt. Der Karikaturist präsentiert die USA hier als eine Mischung aus Uncle Sam und dem Bundesadler, John Bull ist zur Hälfte Löwe, das Deutsche Reich wird durch einen gekrönten Adler dargestellt und das aufsteigende Japan durch ein Biber-ähnliches Tier, welches allerdings noch durch einen Schriftzug unzweideutig identifiziert werden muss. Den vier Mächten gegenüber vernagelt der russische Bär, welcher eine Offiziersmütze trägt, die „Tür" in Richtung Mandschurei und unterbindet so den Handel mit dem Gebiet (Ende der „Politik der offenen Tür"). Mit Ausnahme des russischen Bären, der in dieser Form schon zuvor Verwendung fand, vermochten sich die hier präsentierten Nationalallegorien jedoch nicht durchzusetzen.

(Timothy S. Benson, The cartoon Century. Modern Britain Through the Eyes of its Cartoonists, London 2007, S. 23)

oder den Gentleman mit Regenschirm und Melone personifiziert. Die weiterhin beliebteste Verkörperung der USA bleibt dagegen Uncle Sam, welcher wiederum vor rund 150 Jahren seinen Vorgänger Bruder Jonathan abgelöst hat. Während man manchmal noch den „American eagle" antrifft, ist die sich früher hoher Beliebtheit erfreuende Columbia dagegen völlig aus dem Repertoire der Karikaturisten verschwunden.[18] Demgegenüber sind die französischen und russischen Nationalstereotypen relativ konstant: Während Frankreich bis heute oft durch Marianne, eine Figur aus der Französischen Revolution, oder einen Franzosen mit Baskenmütze typisiert wird, der lässig eine Zigarette im Mundwinkel und ein Baguette unter dem Arm hält, ist die Personifizierung Russlands durch den Bären immer noch verbreitet – eine Chiffre, die schon für das Zarenreich und für die Sowjetunion Verwendung fand! Andererseits wird jedoch deutlich, dass Nationalcharaktere und ihre Ausstattung mit bestimmten Attributen immer im Fluss sind. Manche Stereotypen werden durch die Zeit überholt, manche Innovationen setzen sich durch, andere nicht. Ein in dieser Hinsicht interessantes Beispiel ist die folgende Zeichnung aus dem Jahr 1903 (Abb. 20).

„Der Friedensengel: Meine lieben Kinder!
Mars: Schwört Treue der Mutter ... bei meinem Schwert!
Chor der Mächte: Amen! Amen! Vater Mars!"

Abb. 21: Johann Braakensiek, Die Haager Kriegskonferenz, Bijvoegsel van De Amsterdammer, 21.7.1907

Der Zeichner verwendet hier klassische Nationalstereotype, die um die Wende des 19. Jahrhunderts so oder in ähnlicher Form in einer Vielzahl von Karikaturen Eingang fanden (v.l.n.r.: die USA, Italien, Österreich-Ungarn, das Deutsche Reich, Frankreich, Großbritannien und Russland). Das Besondere ist hier, dass vier der Mächte durch Nationalcharaktere (Uncle Sam, einen „typischen" Italiener, Marianne und John Bull) dargestellt werden, während Österreich-Ungarn, das Deutsche Reich und Russland durch realistische Porträts ihrer Herrscher (Kaiser Franz Joseph, Kaiser Wilhelm II., Zar Nikolaus II.) verkörpert werden. Den hohen ästhetischen Anspruch des Künstlers macht dabei auch seine beeindruckende Darstellung der Friedens- und Kriegsallegorie (Engel versus Kriegsgott Mars) deutlich.

(Sammlung des Autors)

3.2.2 Bildmetaphern

Neben der Verwendung unterschiedlichster Typen ist der *Einsatz von bildlichen Metaphern* häufig ebenfalls erstaunlich variantenreich. Eine Verhandlung ist ein „Drahtseilakt“, das Verhältnis zwischen Arm und Reich ist „aus der Waage“, die Herausforderungen für die Politik gleichen einem „langen, steilen Weg“ und die Finanzierung neuer Projekte steht angesichts des gewaltigen „(Haushalts-)Loches“ „auf der Kippe“: Gute Karikaturisten verfügen über einen riesigen Fundus an Metaphern, die sich zeichnerisch relativ einfach umsetzen lassen. Dabei scheinen es sich einige besonders begabte Zeichner zum Ziel gesetzt zu haben, ständig neue Metaphern aufzugreifen oder sogar neu zu erfinden. Horst Haitzinger, der m.E. zu den kreativsten und innovativsten deutschsprachigen Karikaturisten zählt, sticht hier deutlich heraus. Schon eine kursorische Durchsicht einiger seiner Karikaturen-Sammelbände verdeutlicht, wie viele eingängige Chiffren ein brillanter Karikaturist wie Haitzinger zu verwenden weiß.

Auswahl an kreativen und innovativen Metaphern aus dem Repertoire des Karikaturisten Horst Haitzinger (Untersucht wurde eine Auswahl an Karikaturen aus den 1990er Jahren)

Metapher	Bedeutung(sbeispiele)
Tunnel	Unsicherheit, Dunkelheit, Unumkehrbarkeit, Angst: Die Politik hat eine Entscheidung getroffen, ohne dass man sich seiner Folgen bewusst ist
Zoll	Kontrolle, Überprüfung, Protektionismus, Handelsbeschränkung
Einbahnstraße	Politiker haben eine (scheinbar) unumkehrbare Entscheidung getroffen, wobei sich dieser Weg als „Sackgasse“ herausstellen kann
Anhänger	Ein ungebetener Trittbrettfahrer „hängt sich an jemanden dran“, jemand muss mitfinanziert werden
Zug	Der Zug bewegt sich rasend schnell vorwärts und kann nicht mehr gestoppt werden: eine falsche Entscheidung wurde getroffen. Alternativ: Der Zug steht still; die Wirtschaft kommt nicht in Fahrt
Ketten	Jemand „liegt in Ketten“, ist unfrei, auf Gedeih und Verderb einem anderen ausgeliefert
Feuer	Drohende Gefahr: Flammen züngeln und drohen sich zu einem „Flächenbrand“ auszubreiten
Weltkugel	Wird oft verwendet, um auf globale Gefahren wie Luftverschmutzung und Bevölkerungsexplosion hinzuweisen
Sarg	„Eine Sache ist tot“: eine gute Idee wird „zu Grabe getragen“
Schiff	Das Staatsschiff
Tür	Geöffnete Tür: man heißt jemanden willkommen; geschlossene Tür: man sperrt jemanden aus, z.B. die Türkei aus der EU
Minenfeld	Ein bestimmter Politikbereich ist „vermintes Gelände“: wer diese Themen anzusprechen wagt, ist wahlweise mutig oder ein politischer Selbstmörder

Flut	Drohendes Unheil: „steigende Fluten“
Spiegel	„Sich selbst im Spiegel betrachten“: oft verbunden mit negativen Eigenschaften wie Eitelkeit, wirklichkeitsfremdem Verhalten, Dummheit
Siegerpodest	Jemand geht als Gewinner aus einer Situation hervor, z.B.: Deutschland ist Exportweltmeister (oft kombiniert mit dem Victory-Zeichen)
Einbrecher	Jemand tut etwas Illegales, meidet das Tageslicht, verheimlicht der Öffentlichkeit etwas
tragende Säulen	Z.B. Deutschland als die Stütze der EU bzw. des Euro: ohne Deutschland als „tragende Säule“ würde das „Haus Europa“ in sich zusammenbrechen
Konzert	Eintracht, Gemeinsamkeiten: das „Europäische Konzert der großen Mächte“
Abgrund	Ein Politiker bewegt sich unwissend auf einen Abgrund zu, verfolgt also eine falsche Politik. Alternativ: „Sich am Abgrund bewegen“: jemand tut etwas Notwendiges, was gleichzeitig extrem gefährlich ist
zu große Schuhe	Ein Politiker ist seinem Vorgänger nicht gewachsen, ist mit den Aufgaben überfordert
Topf	Ein Topf, der überkocht: Ein Problem wurde zu lange ignoriert, es wurde „unter den Teppich gekehrt“ und macht sich nun bemerkbar

Abb. 22: Hy Rosen, ohne Titel, Albany Times Union, 1979

Beispiel für eine traditionelle Metapher: Der Ayatollah Khomeini, der mit seinem fundamentalistischen Islam-Verständnis zahlreiche „moderne“, vor allem westliche Errungenschaften ablehnt, „dreht“ im Zuge der Islamischen Revolution „die Zeit zurück“.

(Jerry Robinson (Hrsg.), The 1970s. Best Political Cartoons of the Decade, New York 1981, S. 177)

3.2.3 Literatur- und Bildzitate

Noch anspruchsvoller als die Verwendung möglichst kreativer und innovativer Metaphern ist häufig die Verwendung eines Zitates, also die zeichnerische Anspielung auf Bilder, Geschichten oder geflügelte Worte, die dem gemeinsamen Kulturschatz von Zeichner und Publikum entstammen. Allerdings ist die Arbeit mit solchen Zitaten aufgrund ihres hohen Anspruchcharakters im Unterricht äußerst vorsichtig zu dosieren, zudem muss die Lehrkraft hier häufig Hilfestellung geben.

Das bis zum heutigen Tag bekannteste Beispiel eines *Karikaturzitates* bezieht sich auf Tenniels berühmte Zeichnung „Dropping the pilot" anlässlich der Entlassung Bismarcks 1890. Die frühesten Bildzitate stammen jedoch schon aus der Hochzeit der englischen Karikatur zu Beginn des 19. Jahrhunderts (vgl. etwa Anspielungen auf Gillrays „Tiddy Doll" von 1806). Wenn man ein wenig sucht, stößt man auf zahlreiche weitere Beispiele von älteren Karikaturen, die z.T. noch nach Jahrzehnten von jüngeren Zeichnern wieder aufgegriffen wurden. Will man im Unterricht genauer auf den Zitatcharakter einer Karikatur eingehen, so ist es ratsam, zusätzlich zur behandelten Quelle eine Abbildung des Originals – z.B. als Folie – zur Hand zu haben.

Abb. 23: Künstler unbekannt (John Tenniel oder John Leech?), Socialist Jack in the box, Punch, 28.9.1878

Kommentar des britischen Punch auf Bismarcks Kampf gegen die Sozialdemokratie. Das Bildmotiv wurde in den folgenden Jahrzehnten dutzendfach zitiert, vor allem im englischen Sprachraum.

(Sammlung des Autors)

Neben dem Karikatur-Zitat erfreut sich bei Karikaturisten bis heute auch das *Gemälde-* bzw. das *Fotozitat* außerordentlicher Beliebtheit. Besonders häufig fanden hier Verwendung: Edvard Munchs „Der Schrei“, Grant Woods „American Gothic“, Da Vincis „Mona Lisa“ oder Michelangelos „Die Erschaffung Adams“ aus der Sixtinischen Kapelle. In diese Kategorie fallen außerdem Szenen aus der antiken Mythologie sowie die Darstellung wichtiger historischer Ereignisse, auch wenn diese nur teilweise durch zeitgenössische Abbildungen überliefert sind, die Ermordung Cäsars, der Gang nach Canossa, Luthers Thesenanschlag an der Schlosskirche zu Wittenberg, die Kreuzzüge, Ludwig XIV., Napoleons verlustreicher Rückzug aus Russland. Im Unterschied dazu ist das *Fotozitat* ein neueres Phänomen, welches erst seit den 1980er Jahren häufiger Verwendung findet. Mehr oder weniger bekannte Beispiele für den Rückgriff auf fotographische Bildikonen sind u.a. das Hissen der US-Flagge auf Iwo Jima oder die Verwendung von berühmt-berüchtigten Fotos aus dem Vietnamkrieg.

Abb. 24: Oskar, „... nein – diese Suppe ess' ich nicht!“, Berliner Morgenpost, 27.11.1953

Beispiel für ein Literaturzitat: Der französische „Suppenkasper“, ausgestattet mit der phrygischen Mütze der Revolution von 1789, mag die mit „EVG“ beschriftete Terrine nicht anrühren. Die Szene beobachten der große Uncle Sam, ein Brite (mit Union Jack auf dem Zylinder – John Bull?) und der kleine deutsche Michel (mit Zipfelmütze). Mit der Ablehnung der EVG-Verträge durch die französische Nationalversammlung scheiterte der vor allem von den Amerikanern befürwortete Verteidigungsbeitrag der Deutschen im Kalten Krieg zunächst.

(Berliner Morgenpost (Hrsg.), Frech wie Oskar. OSKARikaturen aus der Berliner Morgenpost, Berlin 1954)

Das *Literaturzitat* wird dagegen heute zunehmend seltener eingesetzt. Während im 19. und zu Beginn des 20. Jahrhunderts noch des Öfteren Auszüge und Szenen aus Gedichten, Dramen und anderen Schriften berühmter Autoren wie Shakespeare, Goethe und Schiller von Karikaturisten (zumeist in der Bildunterschrift) aufgegriffen wurden, scheint man dem heutigen Zeitungsleser eine Entschlüsselung solch anspruchsvoller Anspielungen nicht mehr zuzutrauen.[19] Ähnliches gilt auch für Zitate aus Kinderliteratur, Sage und Märchen. Die früher regelmäßig bemühten Episoden aus den Münchhausen-Geschichten oder Märchen wie „Hänsel und Gretel" werde heute kaum noch verwendet.[20] Finden entsprechende Karikaturen im Geschichtsunterricht Einsatz, so ist in der Regel davon auszugehen, dass literarische Anspielungen nur bei entsprechender Hilfestellung von den Schülern erkannt werden.

Abb. 25: Anonyme Karikatur auf den Ausbruch der französischen Julirevolution 1830

Ein äußerst beliebtes und teilweise heute noch zitiertes Motiv: Jonathan Swifts Gulliver, von zahlreichen Zwergen gefesselt, befreit sich aus seiner misslichen Lage. Weitere Beispiele für Literaturzitate, welche auch im 21. Jahrhundert noch hin und wieder Verwendung finden, sind Cervantes „Don Quichotte" und Goethes „Zauberlehrling".

(Eduard Fuchs, Die Karikatur der europäischen Völker vom Altertum bis zur Neuzeit, Bd. 2, Berlin ²1902, S. 313)

3.2.4 Das „Arsenal des Karikaturisten"

Angesichts dieser zahlreichen Anspielungen, Codes und Chiffren, deren Identifizierung enorme Herausforderungen mit sich bringt, erstaunt es, dass Karikaturen bei Schülern beliebt sind. Aber Pandel hat Recht: Der Lustgewinn am visuellen Kommentar, der Spaß am Rätseln und Entschlüsseln kompensiert alle Schwierigkeiten.[21] Selbst wenn nach erfolgreicher Entschlüsselung von Typen, Metaphern, Symbolen, Bild- und

Literaturzitaten eine weitere Herausforderung auf die Lernenden zukommt: das Wissen über allgemeine zeichnerische Techniken. Folgende Darstellungsmittel, die jeweils kurz erläutert werden sollen, sind bei der Deutung von Karikaturen zu beachten und sollten – schrittweise – im Unterricht erworben werden:

- Farben
- Relationen
- Körpersprache
  - Mimik
  - Gestik
  - Körperhaltung und
- Figuration.

Farbe findet in der Karikatur trotz der inzwischen vorhandenen technischen Möglichkeiten, von einigen Ausnahmen abgesehen (vgl. Abb. 7, 12, 29, 30, 35), bis zum heutigen Tag eher selten Verwendung. Die meisten Zeichner entscheiden sich ganz bewusst für die Schwarz-Weiß-Skizze. Wenn Karikaturisten dennoch Farbe einsetzen, so sind dies oft die klassischen Signalfarben. Einen besonderen Effekt hat hier die Farbe Rot, die häufig Gefahr, Aggression und Tod (Blutvergießen, Feuer, Hölle, Unterdrückung) signalisieren soll.

Unterschiedliche Machtverhältnisse, Anspielungen auf Stärken oder Schwächen werden häufig durch Manipulation der natürlichen Größenverhältnisse visualisiert, indem bestimmte Bildelemente zueinander in Beziehung gesetzt, verglichen, kontrastiert werden. Ein Karikaturist kann so problemlos „aus einer Mücke einen Elefanten machen", wobei die Verwendung von wirklichkeitsverzerrenden *Relationen* durchaus auch ironisch eingesetzt wird.

War die Bildsprache der Karikaturisten bis ins ausgehende 19. Jahrhundert noch stark von Allegorien geprägt, so verwendeten die Zeichner bald in zunehmendem Maße neue Techniken. Als wichtiges Stilmittel trat nun die Verwendung von *Körpersprache,* also Mimik, Gestik und Körperhaltung (Kinesik) hinzu, welche im Laufe der Jahrzehnte immer ausgefeilter wurde. Indem man der dargestellten Person einen bestimmten Gesichtsausdruck verpasste, konnte man Ärger, Angst, Arroganz, Brutalität etc. plastischer und eingängiger als in langen Erklärungen deutlich machen. Achterberg unterscheidet sieben Grundformen der *Mimik*: Freude, Überraschung, Angst, Traurigkeit, Wut, Ekel/Abscheu und Interesse.[22] Diese vom Zeichner vorgenommen Betonungen sind oft als charakterliche Wertungen einer bestimmten Person intendiert und werden vom Betrachter zumeist auch als solche verstanden.

Abb. 26: Peter Beusch, Optische Täuschung, Handelsblatt, 2.10.1990
Die Arbeit mit unterschiedlichen und oft die Wirklichkeit verzerrenden Proportionen ist ein beliebtes Stilmittel der Karikatur. In der vorliegenden Zeichnung persifliert Peter Beusch kurz vor der Wiedervereinigung die Angst unserer Nachbarn vor einem übermächtigen Deutschland: Durch die perspektivische Verzerrung, die hier durch das Werfen eines Schattens entsteht, mutiert der eigentlich nur mittelgroße deutsche Michel zu einer riesigen Gestalt. Skandinavier, Briten, Franzosen und Italiener (von links nach rechts) schauen nicht auf den realen Michel, sondern blicken ängstlich auf den riesigen „Schatten an der Wand".

(Handelsblatt (Hrsg.), Das Jahr 1990 in der Karikatur, Düsseldorf o.J.)

Neben der Mimik der dargestellten Personen oder Typen kommt auch ihrer *Gestik* eine wichtige Rolle zu. Machen sie eher einladende oder abwehrende Gesten, locken sie mit dem Zeigefinger, kritisieren sie oder zeigen sie gar den Mittelfinger? Macht ein (scheinbarer, zu selbstsicherer) Sieger das Victory-Zeichen? Wird der Betrachter vielleicht Zeuge einer Einigung oder Verbrüderung (Händedruck) oder eines Eides (Schwurgestus)? Mit diesen Gesten geht oft eine bestimmte *Körperhaltung* einher. Signalisieren die Karikierten Interesse oder eher Desinteresse und Untätigkeit, z.B. durch vor der Brust verschränkte Arme? Ist ihre Körperhaltung eher als Demutsbezeugung oder als Drohgebärde einzuschätzen (gebückte Haltung, „Diener", Verbeugen, Buckeln versus erhobene Faust)? Signalisieren sie Zuversicht (geschwollene Brust) oder Unsicherheit und Angst (Stolpern, Schleichen, Kriechen, Verstecken)?

Hier wird deutlich, dass Mimik, Gestik und Körperhaltung eng miteinander verbunden sind. Durch die Überzeichnungen spezifischer Körperhaltungen, z.B. die heraus geschobene Brust, die erhobene Nase, und gepaart mit einen unsympathischen Geschichtsausdruck oder einem falschem Lächeln, gelingt es guten Karikaturisten, mit wenigen Strichen die Überheblichkeit einer Person darzustellen. Die Beliebtheit dieser Techniken erklärt sich dadurch, dass eine solche Bildsprache äußerst plakativ ist und universell verstanden wird.[23] Allgemeinverständlichkeit ist heute, wo sich die Zeichnung an ein Massenpublikum wendet, oberste Maxime der Karikatur.

Eine letzte wichtige Technik des Karikaturisten ist schließlich die *Figuration.* Mit dieser Methode wird eine Beziehung zwischen verschiedenen Elementen innerhalb der Karikatur oder zwischen Karikatur und Betrachter hergestellt. So kann eine dargestellte Person den Betrachter direkt anblicken, auf ein bestimmtes Element innerhalb der Karikatur hindeuten oder aus der Zeichnung hinaus ins Leere blicken.

Anmerkungen

1 Pandel hat sich deshalb in seiner Monographie zur Bildquelle im Geschichtsunterricht bewusst nicht mit dieser speziellen Gattung befasst – ebenso wenig wie mit Plakaten und Comics. Pandel, Hans-Jürgen, Bildinterpretation. Die Bildquelle im Geschichtsunterricht, Schwalbach/Ts. 2008. Zur Verwandtschaft der Karikatur mit Plakaten, dem Comic und Infographiken vgl. Knieper, Thomas, Infographiken: Das visuelle Informationspotential der Tageszeitung, München 1995.

2 Gautschi, Peter; Binnenkade, Alexandra, Ansicht, Einsicht, Übersicht, Aussicht. Die Funktion von Bildern im Schulgeschichtsbuch „Viele Wege – eine Welt", in: Bernhardt, Markus (Hrsg.), Bilder – Wahrnehmungen – Konstruktionen. Reflexionen über Geschichte und historisches Lernen, Schwalbach/Ts. 2006, S. 116.

3 Bergmann erinnert daran, dass Erkennen immer von Unwissenheit ausgeht, „d.h. von Etwas, das man noch nicht kennt und noch nicht in die schon vorhandene Vorstellungswelt einordnen kann." Bergmann, Klaus, „... so ist das Bild immer notwendig ein beschränktes" – historisches Denken durch Bilder, in: Schneider, Gerhard (Hrsg.), Die visuelle Dimension des Historischen. Hans-Jürgen Pandel zum 60. Geburtstag, Schwalbach/Ts. 2002, S. 13.

4 Pandel, Hans-Jürgen, Bildinterpretation. Die Bildquelle im Geschichtsunterricht, Schwalbach/Ts. 2008, S. 90.

5 Die drei unterschiedlichen Ausprägungen des Kommentarcharakters gehen zurück auf Grünewald. Er unterscheidet außerdem noch die „analytische Karikatur", welche Ursachen aufzeigen will oder unausgesprochen eine positive Gegenposition vermittelt. Diese weitere Differenzierung des Kommentarcharakters führt m.E. jedoch leicht zu einer Verwischung der elementaren Kategorien

deskriptiv – kommentierend. Grünewald, Dietrich, Karikatur im Unterricht. Geschichte, Analysen, Schulpraxis, Weinheim 1979, S. 130-34.

6 Schneider, Franz, Die politische Karikatur. München 1988, S. 80-94.

7 Marienfeld, Wolfgang, Politische Karikaturen, in: Geschichte lernen, 18/1990, S. 16.

8 Sauer, Michael, Bilder im Geschichtsunterricht, Seelze-Velber, [3]2007, S. 47.

9 Werner, Johannes, Die Karikatur im historisch-politischen Unterricht, o.O., o.J., S. 4.

10 Kaulbach, Hans-Martin, Bombe und Kanone in der Karikatur: eine kunsthistorische Untersuchung zur Metaphorik der Vernichtungsdrohung, Marburg 1987, S. 12.

11 Für Marienfeld ist die Verfremdung konstitutiver Bestandteil, Komik dagegen eher ein additives Stilmittel der Karikatur. Er weist zu Recht darauf hin, dass viele Karikaturen gerade KEIN Lachen auslösen sondern vielmehr aufrütteln, auf empörende Zustände hinweisen wollen. Marienfeld, Wolfgang, Politische Karikaturen, in: Geschichte lernen, 18/1990, S. 19.

12 Achterberg, Christoph, Karikatur als Quelle. Determination sozialwissenschaftlicher Interpretation, Frankfurt/M. 1998, S. 96.

13 Die Übersicht geht in wesentlichen Teilen zurück auf Knieper, Thomas, Die politische Karikatur. Eine journalistische Darstellungsform und deren Produzenten, Köln 2002, S. 97.

14 Angelehnt an Pandel, Karikaturen. Gezeichnete Kommentare und visuelle Leitartikel, in: Pandel, Hans-Jürgen; Schneider, Gerhard (Hrsg.), Handbuch Medien im Geschichtsunterricht, Schwalbach/Ts. 2004, S. 265 f. sowie Gombrich, Ernst, Das Arsenal des Karikaturisten, in: Langemeyer, Gerhard (Hrsg.), Bild als Waffe: Mittel und Motive der Karikatur in fünf Jahrhunderten, München 1985, S. 384-401.

15 Riha, Karl, Der deutsche Michel. Zur Ausprägung einer nationalen Allegorie im 19. Jahrhundert, in: Herding, Klaus (Hrsg.), „Nervöse Auffangsorgane des inneren und äußeren Lebens". Karikaturen, Gießen 1980, S. 186-205.

16 Knieper, Thomas, Die politische Karikatur. Eine journalistische Darstellungsform und deren Produzenten, Köln 2002, S. 195. Dagegen rekurrieren 66 Prozent der deutschen Zeichner auch weiterhin auf den deutschen Michel. Innerhalb des übrigen Europas stellen neun Prozent aller Karikaturisten Deutschland durch den Michel dar, wohingegen die Figur in den USA gänzlich unbekannt ist. Hier wird Deutschland vor allem durch den Typ des „Bayern" repräsentiert.

17 John Bull wird zunehmend durch den Typ des britischen Gentleman und die Darstellung des jeweils amtierenden Premierministers abgelöst, während sich der Löwe als Symbol Großbritanniens erstaunlicherweise behaupten kann. Knieper, Thomas, Die politische Karikatur. Eine journalistische Darstellungsform und deren Produzenten, Köln 2002, S. 198. Auch „Marianne" als Personifikation Frankreichs ist bei den Zeichnern weiterhin beliebt. Ebd. S. 201.

18 Schnakenberg, Ulrich, Columbia und Uncle Sam, Britannia und John Bull: Amerikanische und britische Nationalallegorien in ihrer gegenseitigen Karikatur, in: ders.; Clark, Thomas (Hrsg.): Aufklärung – Konstitutionalismus – Atlantische Welt, Kassel 2009, S. 133 ff.

19 Maurice wies schon vor hundert Jahren auf die möglichen Risiken dieser Praxis hin, da hier die Gefahr bestehe, dass nur ein kleiner Teil besonders gebilde-

ter Menschen diese Anspielungen überhaupt versteht. Maurice, Arthur Bartlett, The history of the nineteenth century in caricature, New York ²1970 (Erstausgabe 1904), S. 7.

20 Eigene Unterrichtserfahrungen mit einer Karikatur, die auf die Geschichte vom Wettrennen zwischen Hase und Igel zurückgreift, bestätigten, dass bei den Schülern die Kenntnis von Märchen, Fabeln sowie „klassischer" literarischer Werke nur bedingt vorausgesetzt werden kann.

21 Pandel, Hans-Jürgen, Karikaturen. Gezeichnete Kommentare und visuelle Leitartikel, in: ders.; Schneider, Gerhard (Hrsg.), Handbuch Medien im Geschichtsunterricht, Schwalbach/Ts. 2004, S. 266.

22 Achterberg, Christoph, Karikatur als Quelle. Determination sozialwissenschaftlicher Interpretation, Frankfurt/M. 1998, S. 110.

23 Paul, Gerhard, Das Jahrhundert der Bilder. Die visuelle Geschichte und der Bildkanon des kulturellen Gedächtnisses, in: ders. (Hrsg.), Das Jahrhundert der Bilder, Bd. 1, Bonn 2009, S. 22

4. Geschichtsdidaktische Überlegungen zum Einsatz der politischen Karikatur: Das Lernpotenzial von Karikaturen im Geschichtsunterricht

Nachdem im vorherigen Kapitel die wichtigsten medientheoretischen Eigenschaften der Karikatur vorgestellt wurden, soll im Folgenden die geschichtsdidaktische Relevanz engagierter Graphik genauer beleuchtet werden. Welchen Mehrwert verspricht der Karikatureinsatz im Geschichtsunterricht? Inwieweit kann diese Quellengattung die historische Sach-, Methoden-, Urteils- und Orientierungskompetenz der Lernenden fördern?

4.1 Die Lernenden motivieren

Jeder Geschichtslehrer kann bestätigen: Schülerinnen und Schüler arbeiten zumeist sehr gerne mit Karikaturen. Durch den Einsatz graphischer Kommentare versprechen sich viele Kollegen daher zu Recht einen Motivationsschub, den die ungeliebte Textquelle nur äußerst selten bewirkt. Gerade die immanente Verrätselung, der „Rebus-Charakter"[1] der Karikatur, spornt die Lernenden häufig dazu an, sich intensiver mit dem behandelten Thema auseinander zu setzen. Der Entdeckerdrang der Schüler wird angestachelt, sie fühlen sich zur spontanen Meinungsäußerung herausgefordert. Gleichzeitig erhält der Unterricht durch die vielen Kommentare der Lernenden wertvolle Impulse. Dass dabei gleichzeitig Emotionen geweckt werden, ist ein durchaus legitimes Vorgehen im demokratischen Geschichtsunterricht: „Das Bild soll letztlich – wie alle anderen im Geschichtsunterricht eingesetzten Zeugnisse menschlichen Handelns und Leidens – nicht primär dazu beitragen, zutreffende Informationen über Vergangenheit zu erwerben bzw. erwerben zu lassen, sondern Operationen historischen Denkens – Kritik und Interpretation – zu lernen."[2] Somit eignet sich kritische Graphik hervorragend zur Anbahnung, Vertiefung und Verinnerlichung aktiver Lernprozesse.

4.2 Förderung des historisches Fragens und Denkens

Die neuen Kernlehrpläne haben viele Diskussionen angestoßenen, wobei sich die historische Fragekompetenz als die grundlegendste aller im Geschichtsunterricht zu erwerbenden „Kompetenzen" herauszuschälen scheint. Geschichte ist, folgt man Klaus Bergmann, „nicht die Registrierkasse der Vergangenheit, in der abgebucht wird, was sich jemals zugetragen hat – ein Sammelsurium von Daten und Fakten, Persönlichkeiten und Epochen."[3] Geschichtsunterricht sollte vielmehr *Denk*unterricht sein – und echtes Denken kann nur durch Fragen initiiert werden: „Guter Geschichtsunterricht hängt davon ab und fast allein davon ab, ob und wie *Fragen an die Geschichte* gestellt werden, die aufregend, spannend und motivierend sind, neugierig machen auf die Fremdheit und Andersartigkeit vergangenen menschlichen Denkens, Handelns und Leidens."[4]

Obwohl dieser Paradigmenwechsel vom Pauk- zum Denkfach Geschichte bereits seit längerem eingefordert wird, scheint er sich in der Praxis noch nicht völlig durchgesetzt zu haben. Bodo von Borries deutet seine neuesten Studien so, dass Geschichte bei Schülern und Lehrern weiterhin als „*Stoffkatalog, nicht als Denkaufgabensammlung* [Hervorhebung im Original] verstanden wird."[5] Universitäten, Studienseminare und Fortbildungsinstitute müssten die Lehrer noch besser darauf vorbereiten, wie man durch eine geschickte Auswahl von Materialien, Impulsen und geeigneten Aufgabenstellungen die Formulierung historischer Fragen durch die Schüler gezielt beeinflussen und fördern kann. So sollte es häufiger als bisher gelingen, Staunen und Verwunderung, Überraschung und Zweifel zu provozieren. Im Idealfall münden dann diese Irritationen wiederum in eine Fragehaltung, die von Problembewusstsein gekennzeichnet ist und sich Wissenslücken, kognitive Dissonanzen, Fehl- und Vorurteile zunutze macht: Wie war das möglich? Warum? Woher? Stimmt das wirklich? Wer hat recht?[6]

Diese Fragen, die bestenfalls von den Schülern selbst kommen, führen zunächst zur Rekonstruktion der historischen Ereignisse und Prozesse und dann zur Analyse und Interpretation der (Bild)Quelle. Gleichzeitig zielen sie auf historische Narrationen und strukturieren zudem den gesamten Lernprozess.[7] Ist es mithilfe des Einsatzes einer funktional ausgewählten Karikatur erst einmal gelungen, die so oft beklagte Passivität und rein rezeptive Haltung gerade auch der unsicheren und schwächeren Schüler aufzubrechen, sollte die Überleitung zur Erarbeitungsphase kein Problem mehr darstellen.

Abb. 27: Walter Hanel, ohne Titel, o.J.
Eine zeitlose Karikatur, welche sich als kurzer, leicht verständlicher Einstiegsimpuls in eine Reihe von Themen anbietet, z.B. Terrorherrschaft der Jakobiner, Konsolidierung der Oktoberrevolution in Russland oder China unter Mao. Mit ihrer drastischen Visualisierung des bekannten Ausspruches „Der Zweck heiligt die Mittel" wirft die Zeichnung eine „große" Frage auf, die in den sich anschließenden Unterrichtsstunden ausgiebig – und immer wieder neu auf Basis neu erworbenen Wissens – diskutiert werden kann.

(Walter Hanel, Ein wunder Punkt (Cartoon & Satire Bd. 4), München 1980)

4.3 Erwerb von Urteilskompetenz und Förderung von Ideologiekritik

Wie eben dargelegt ist der Erwerb von Frage- und Sachkompetenz die Basis jedes historischen Lernprozesses. Das so oft als Leitziel historischen Unterrichts im Munde geführte reflektierte (und selbst-reflexive) Geschichtsbewusstsein entsteht jedoch erst durch historisches *Verstehen.* Genau dieses Denken, Prüfen, Bewerten und Verstehen findet in deutschen Klassenräumen zu selten statt: Zahlreiche Untersuchungen haben gezeigt, dass Geschichtsunterricht weder überdauerndes historisches Wissen hinterlässt noch die Werturteilsfähigkeit der Schüler positiv zu beeinflussen vermag.[8] Ein Grund hierfür ist unter anderem, dass es an fachdidaktischen Beiträgen dazu, wie historisches Denken und insbesondere historische Urteilsbildung konkret im Unterricht gefördert werden kann, immer noch mangelt.[9]

Im Unterrichtsalltag lässt sich häufig feststellen, dass Schüler methodische Verfahren der Textinterpretation in der Regel systematisch anwenden, eine kritische Wertung der im Unterricht bearbeiteten Quellen jedoch zu selten oder zu oberflächlich erfolgt. Den Lernenden fällt es oft ausgesprochen schwer, parteiliche Werturteile, die einem Vergleich mit der historischen Wirklichkeit nicht standhalten, als solche zu identifizieren. Hier hilft das Paradoxon der Karikatur. Eigentlich verstößt sie mit ihrer subjektiven Parteilichkeit gegen ein Grundprinzip des Geschichtsunterrichts: der ausgewogenen, möglichst objektiven Darstellung der Vergangenheit. Aber gerade dieser scheinbare Mangel macht die Karikatur für das Einüben von Ideologiekritik so wertvoll. Wie an keinem anderen Medium lässt sich am Beispiel dieser Gattung verdeutlichen, dass bereits historische Quellen in den seltensten Fällen „objektiv" sind und lediglich zeigen, „wie es eigentlich gewesen ist": Zu offensichtlich ist häufig ihre Parteinahme, zu eindeutig die Verzerrung der Realität, zu entschieden die Kritik, zu pauschal die Aussage, zu böse das Urteil. Diese affektive Ladung der Karikatur, die prononcierte, zugespitzte Sichtweise des Zeichners, führt häufig zu einer affektiven Reaktion bei den Lernenden und erweist sich somit als didaktisch besonders wertvoll: Fragen nach dem Realitätsbezug, dem historischen Kontext und dem „Wahrheitsgehalt" der Quelle werden so fast zwangsläufig gestellt. Hieran anknüpfend gelingt es leichter, die Schüler über die Rekonstruktion der ideologischen Position einer Karikatur zum grundsätzlichen Verständnis für die Standpunktgebundenheit von politischen Aussagen und Quellen hinzuführen.[10]

Zusammenfassend lässt sich festhalten: „visuelle Leitartikel" eignen sich hervorragend dazu, Quellenkritik als das fachspezifische Kerngeschäft des Geschichtsunterrichts systematisch einzuüben. Hierin liegt m.E. die wohl größte Chance der Karikaturarbeit. Denn haben die Lernenden im Zuge der Karikaturarbeit die Fähigkeit zur Ideologiekritik erworben, so kann diese neu erworbene Dekonstruktionskompetenz leicht auf den Umgang mit klassischen Textquellen übertragen werden.

4.4 Arbeit mit multiperspektivischen Quellen

Perspektivität und Standortgebundenheit zu erkennen, ist eines der wichtigsten Ziele aufklärerischen Geschichtsunterrichts und hängt eng mit der Fähigkeit zur Ideologiekritik zusammen.[11] Die notwendige Auseinandersetzung mit unterschiedlichen, sich widersprechenden Quellen steht dabei im Gegensatz zur „Sehnsucht nach einer ‚wahren' und ‚richtigen' einheitlichen Vergangenheit",[12] ein Wunsch, welcher unter Schülern wie auch unter Erwachsenen stark verbreitet ist. Die Schüler, ja wir alle, werden heute mit Deutungsangeboten förmlich überflutet. Die Menschheit weiß so viel wie nie zuvor, und dennoch sind wir nicht unbedingt weiser, ist allerorten große Unsicherheit zu verspüren – nicht nur was die eigene Geschichte und Identität, sondern auch was die kollektive Gegenwart und Zukunft anbetrifft. In diesem Zusammenhang fallen dem Geschichtsunterricht zwei Aufgaben zu: Erstens muss er den Schüler auf konkurrierende „Geschichte(n)", wie sie überall in der öffentlichen Darstellung von Vergangenheit vorkommen, vorbereiten. Zweitens muss er den Umgang mit diesen unterschiedlichen, sich häufig widersprechenden Deutungen von Vergangenheit systematisch einüben. Um diese Ziele zu erreichen, muss der multiperspektivische Zugriff auf Vergangenheit in einem „guten Geschichtsunterricht"[13] einen hohen Stellenwert einnehmen.

Abb. 28: Barbarie – Civilisation, Cri de Paris, um 1900 (anonym)

Beispiel für eine kontrastive Doppelkarikatur: Der französische Zeichner des „Cri de Paris" spießt in dieser simplen, aber umso eindrucksvolleren Karikatur die Doppelmoral der europäischen Mächte auf. Diese intervenierten im Zeitalter des Imperialismus in China, um „barbarische Akte" wie den Mord an Europäern zu verhindern, verhielten sich in ihrem Bestreben, die „Zivilisation" in das Reich der Mitte zu tragen, aber um keinen Deut besser: Die Gewalt blieb die gleiche, nur wurden nun Chinesen durch das europäische Interventionscorps massakriert. Auch wenn die meisten heutigen Historiker dem Karikaturisten sicherlich zustimmen würden: Für die damalige Zeit war solch eine Zeichnung eine echte Provokation, führte sie doch das Gerede von der ehrenwerten „mission civilisatrice" ad absurdum.

(Jane E. Elliott, Some did it for civilization. Some did it for their country, Hong Kong 2002, S. 365)

Multiperspektivität meint einerseits die Arbeit mit perspektivisch verfärbten Quellen sowie andererseits die Bereitschaft und Fähigkeit, die Vergangenheit aus unterschiedlichen Blickwinkeln zu betrachten und zu beurteilen. Für den Bereich der schriftlichen Quellen ist es mittlerweile (fast) selbstverständlich geworden, einen Vorgang bzw. einen Sachverhalt aus der Sicht mehrerer (zeitgenössischer) Autoren zu betrachten.[14] Eignen sich Karikaturen hierfür nicht ebenso gut?
M.E. bietet sich insbesondere die Arbeit mit „kontrastiven Parallelkarikaturen“ dafür an, Perspektivität zunächst einmal zu identifizieren, um daran anschließend die generelle Standortgebundenheit von historischen Quellen zu verdeutlichen. Dadurch, dass in kontrastiven Parallelkarikaturen ein und dasselbe Ereignis bzw. derselbe Prozess (eventuell auch arbeitsteilig) aus sich diametral gegenüberstehenden Blickwinkeln betrachtet wird (vgl. Abb. 29 und 30), fragen die Lernenden automatisch nach dem Wirklichkeitsbezug des visuellen Kommentars. Gleichzeitig erkennen sie die Notwendigkeit weiterer Informationsbeschaffung bzw. nutzen bereits erworbenes Wissen zur kritischen Einordnung der in den Parallelkarikaturen enthaltenen Wertungen. Die Arbeit mit kontrastiven Parallelkarikaturen fördert damit nicht nur Denken als das Kerngeschäft des Geschichtsunterrichts, sondern ermöglicht auch einen Übergang vom traditionellen, stark gelenkten Lernen zum freieren entdeckenden Lernen.

Abb. 29: Joseph Keppler, Welcome to all!, Puck, 28.4.1880
(American History: The Modern Era Since 1865, New York: Glencoe, S. 17)

Abb. 30: Joseph Keppler, Looking backward, Puck, 11.1.1883

Beispiele für kontrastive Parallelkarikaturen: Diese „kontrastiven Doppelbilder“ stammen beide aus der Feder des österreichisch-amerikanischen Karikaturisten Joseph Keppler und sind in seiner Zeitschrift Puck im Jahr 1880 bzw. 1883 veröffentlicht worden. Die Zeichnungen thematisieren den sich wandelnden Blick der Amerikaner auf die immer größeren Wellen der Einwanderung. Hieß man – laut Keppler – zunächst noch alle europäischen Migranten an Bord der „Arche der Freiheit“ willkommen (Abb. 29), so hatte sich diese Sicht nur drei Jahre später grundlegend gewandelt (Abb. 30): Die US-Bevölkerung lehnt die Aufnahme weiterer Einwanderer mittlerweile ab, ungeachtet der Tatsache, dass es sich bei ihnen einst selbst um ehemalige Zuwanderer handelte, die sich allerdings mittlerweile etabliert haben.

(Ohio State University Cartoon Research Library)

Sollten die kritischen Reflexionsprozesse auch jetzt noch nicht wie erhofft einsetzen, kann die Lehrkraft durch gezielte Impulse oder Problemfragen (Wie urteilt Karikaturist A? Welche Position nimmt Karikaturist B ein? Lässt sich eine besondere politische oder nationale Position erkennen?) sowie durch funktionale Arbeitsaufträge (Begründe die konträre Sichtweise der beiden Karikaturisten; ordne die Karikaturisten jeweils einem politischen Lager zu) zusätzlich steuern und unterstützen. Aller Erfahrung nach sprudeln die Schülerkommentare – ausgelöst durch die kognitive Dissonanz der kontrastiven Parallelkarikatur – fast automatisch hervor. Die gegenseitige Relativierung der Zeichnungen führt dann dazu, dass die scheinbar objektive Aussage der (zuerst behandelten) Karikatur aus ihrer optischen Selbstverständlichkeit herausgehoben und die Deutungsdifferenz zwischen den unterschiedlichen Darstellungen der Vergangenheit geklärt wird.[15] Am Ende sollte dann eine grundsätzliche Diskussion von Intentionalität sowie der generellen perspektivischen Gebundenheit historischer Urteile stehen.

Abb. 31: Anonyme Karikatur aus der Leipziger Illustrierten Zeitung, 1849

Multiperspektivität in *einer* Karikatur: Zwei Sichtweisen auf die 48er Revolution. Die Original-Bildunterschrift lautet: „Kreuz-Zeitung. In Buxtehude haben am 18. März Unruhen stattgefunden. Die verruchten Demokraten warfen bei einigen missliebigen Beamten die Fenster ein und lieferten dadurch aufs Neue den Beweis, daß wir nicht eher Frieden im Lande haben werden, als bis der Schlange der Demokratie der Kopf zertreten worden ist.
Neue Rheinische Zeitung. In Buxtehude haben am 18. März Unruhen stattgefunden. Die verruchten Reactionaire [Reaktionäre] haben einige Bummler angestellt, welche bei mehreren der freisinnigen Bürger der Stadt die Fenster einwerfen mußten, um Erbitterung unter der Demokratie zu erregen und dieselbe zu einem Putsch zu reizen; sie hatten aber falsch gerechnet und lieferten nur einen neuen Beweis, daß wir nicht eher Frieden im Lande haben werden, als bis der Schlange der Reaktion der Kopf zertreten worden ist."

(Friedrich Wendel, Schellengeläut. Kulturkritische Karikaturen des 19. Jahrhunderts, Berlin 1927, S. 93)

4.5 Auseinandersetzung mit fremdkulturellen Perspektiven

Unter deutschen Geschichtsdidaktikern besteht heute ein weitgehender Konsens über die Notwendigkeit, die traditionelle nationalgeschichtliche und eurozentristische Sichtweise auf die Geschichte durch den Einsatz von ausländischen – und wenn möglich – außereuropäischen Quellen aufzubrechen. Besonders reizvoll ist es, historische Zeugnisse aus anderen Ländern und Kulturen im Original zu bearbeiten, was sich bei Textquellen aufgrund der benötigten Fremdsprachenkenntnisse allerdings als äußerst schwierig darstellt und eigentlich nur für in Englisch oder Französisch abgefasste Texte in Frage kommt. Hier bietet die Arbeit mit Bildern eine willkommene Alternative: Die Schüler können so anhand von Originalquellen die Fremdperspektive auf ein bestimmtes Ereignis erarbeiten, ohne unbedingt über (umfassende) Fremdsprachenkenntnisse verfügen zu müssen.

Der Ansatz, interkulturelles Lernen anhand von visuellem Material zu vermitteln, ist nicht neu. Viele Schulbücher enthalten heute Fotos, Gemälde und teilweise auch Karikaturen unterschiedlichsten Ursprungs. Allerdings stammen die meisten dieser Quellen aus nur wenigen Ländern, zumeist aus Frankreich, England und den USA. Osteuropäische, asiatische, afrikanische oder südamerikanische Perspektiven auf die Geschichte finden immer noch viel zu selten Berücksichtigung. Wie die Lernenden langsam an solch eher „exotische" Quellen herangeführt werden können, soll im Folgenden anhand einer tschechischen Karikatur (Abb. 32) verdeutlicht werden.

Die in der Zeichnung „Im siebten Himmel" enthaltenen Schriftzüge wirken auf Westeuropäer fremd und rufen daher auch bei den Schülern aller Erfahrung nach zunächst einmal Unverständnis und teilweise Unwillen hervor. Den Lernenden ist nicht klar, warum sie sich mit einer „so komischen Sprache" befassen sollen. Die Lehrkraft sollte jedoch darauf dringen, sich erst einmal in Ruhe auf die Zeichnung einzulassen. Das Entschlüsseln der meisten Städtenamen müsste mit ein wenig Anstrengung möglich sein und verschafft den Schülern kleine Erfolgserlebnisse. Mithilfe der Übersetzung der Überschrift sowie der Bildunterschrift kann dann die Aussage der Karikatur erschlossen werden: Die Zeichnung verdeutlicht die Furcht der europäischen Nachbarn vor dem Deutschen Kaiserreich; Hintergrund sind die Kriege von 1864, 1866 und 1870/71 und die Einigung Deutschlands. Bild und Text legen nahe, dass Deutschlands Expansionsdrang noch lange nicht gestillt ist (auf dem Grenzstein in Bismarcks Armen steht

„Deutsches Kaiserreich“, Kaiser Wilhelms I. linker Schuh reicht bis „Konstantinopel“).

Abb. 32: Im siebten Himmel, Humoristické Listy (Prag), Februar 1871 (anonym)

„Bismarck: Bitte, wohin soll ich den Grenzstein setzen?
Wilhelm: Setzen? Nirgendwohin! Wir stellen ihn auf ein Wägelchen und fahren ihn, wohin wir wollen!“

(Deutsches Historisches Museum, Bismarck in der Karikatur des Auslands, Berlin 1990, S. 103)

4.6 Ausbildung von narrativer Kompetenz

Geht man mit Bergmann davon aus, dass der historisch Denkende sich mit der Möglichkeit des Beschreibens allein nicht zufrieden gibt, sondern erzählen will, so nötigt das Bild selbst „denjenigen, der noch gar nicht oder noch nicht zureichend historisch denken kann, über die bloße Rezeption und innere oder äußere Beschreibung hinaus nach Erzählmöglichkeiten zu fragen.“[16]

Als „Sinnbildung über Zeiterfahrung“ gilt Narrativität seit einigen Jahren neben den bereits oben angesprochenen Prinzipien als eines der Leitziele guten Geschichtsunterrichts; in einigen Bundesländern kommt die Bedeutung der Ausbildung von „narrativer Kompetenz“ gar in der Schaffung eines eigenen Kompetenzbereiches zum Ausdruck. Ähnlich wie im Bereich der Frage- und Urteilskompetenz beklagen Geschichtsdidaktiker auch hier, dass narrative Kompetenz eine Fähigkeit ist, die bisher im Geschichtsunterricht sträflich vernachlässigt wurde.[17] Dabei hat

Abb. 33: J. N. Darling, How we forced Germany into the war, 1916

Beispielhaft für die Weckung von Narrativierungsbedürfnissen steht diese Karikatur des amerikanischen Karikaturisten „Ding" Darling. Sie weist große Ähnlichkeiten mit dem Comic und anderen Bildgeschichten auf und eignet sich hervorragend, Schüler zum Erzählen zu bringen und so narrative Kompetenz zu fördern.

(Chris Lamb, Drawn to extremes. The use and abuse of editorial cartoons, New York 2004, S. 83)

Michele Barricelli überzeugend gezeigt, dass Schüler durchaus in der Lage sind, sinn- und bedeutungsvolle Narrationen zu produzieren – wenn man ihnen denn die Möglichkeit dazu gibt.[18]

Aber unter welchen Umständen gelingt die Ausbildung von narrativer Kompetenz? M.E. sind Bilder und insbesondere Karikaturen wie kaum eine andere Gattung geeignet, die Schüler zum „Erzählen" zu bringen, also sinn- und bedeutungsvolle Narrationen über wahrgenommene historische Sachverhalte zu produzieren. Gerade Karikaturen thematisieren dabei häufig mehrere, oft auch zeitdifferente Ereignisse (vgl. Abb. 33), was ein „Erzählen" erst möglich macht.[19] Indem die Lernenden im Zuge der Karikaturanalyse Bild, Aussage und historischen Kontext in Übereinstimmung bringen, verknüpfen sie bislang isolierte Sachverhalte miteinander. Ein „Erzählen" kann dabei zunächst mündlich oder – besser noch – schriftlich in Form einer ausführlichen Interpretation der Zeichnung erfolgen.

4.7 Wiederholung, Vertiefung, Transfer mithilfe von Karikaturen

Geschichtslehrer fühlen sich oft wie Getriebene. Niemals reicht die Zeit, all das, was der Lehrplan vorschreibt, zu behandeln. Die Folge: „Der Stofffülle wird dann oftmals das Üben, Innehalten, Nachfragen und das Arbeiten mit abwechslungsreichen Methoden geopfert, im Glauben, mit einer raschen frontalen Vermittlung seine ‚Pflicht' erfüllt zu haben."[20] Dieses „Durchhasten" durch die Geschichte im Sinne einer reinen „Erwähnungshistorie" (Pandel) ist nach den Erkenntnissen der Lernpsychologie jedoch reine Zeitverschwendung. Wirkliches Lernen und Verstehen findet in einem Unterricht dieser Art kaum statt. Vielmehr scheint es geboten, weniger „Stoff" zu behandeln und diesen stattdessen sorgfältiger zu erörtern.[21]

Wie die Arbeit mit visuellen Quellen die Wiederholung und Vertiefung von im Geschichtsunterricht behandelten Themen fördern kann, stellte jüngst Mounajed am Beispiel des Geschichtscomics überzeugend heraus.[22] M.E. liegt hier eine besondere Chance auch der Karikaturarbeit: Die Interpretation der meisten Karikaturen verlangt ein umfangreiches Kontextwissen, wobei einzelne, bisher isolierte „Wissensinseln" zusammengeführt werden müssen. Eine zum Ende einer Unterrichtseinheit eingesetzte Karikatur spornt die Lernenden indirekt – ohne direkte Aufforderung durch die Lehrkraft – dazu an, ihr vor längerer Zeit gelerntes, inzwischen halb vergessenes Wissen zusammenzutragen, dieses mit den Kenntnissen der Mitschüler in Übereinstimmung zu bringen und in neuen Zusammenhängen anzuwenden. Im Zuge der Karikaturanalyse wird so deutlich, dass das bisher Gelernte eben kein „träges", sondern „anwendungsorientiertes Wissen" ist, wie es im Übrigen auch die neuen Kernlehrpläne fordern. Karikaturen (vgl. die vorgestellten Unterrichtsbeispiele in Kapitel 7) bieten hier vielfache Anknüpfungspunkte, indem sie die Schüler ermuntern, in Strukturen zu denken, ihr verstreutes, oft unsortiertes Wissen in Zusammenhänge einzuordnen, zu transferieren, anzubinden und zu vernetzen.[23]

4.8 „Verzauberung" und Sinnlichkeit: Die ästhetische Dimension der Karikatur

Ein letztes Argument für den verstärkten Einsatz von Karikaturen im Geschichtsunterricht ist schließlich die wenig beachtete und oft unterschätzte ästhetische Dimension des Geschichtsbewusstseins.[24] Geschichte ist für nicht wenige Schüler der Mittel- und Oberstufe zunächst oft ein eher trockenes Fach, welches sich mit zeitlich fernen Themen und Fragen befasst, die heute nur noch sehr schwer nachvollzogen werden können. Karikaturen erleichtern den Zugang zu Geschichte, indem sie Vergangenes veranschaulichen und so ein „Eintauchen" in die Historie ermöglichen. Eigene Unterrichtserfahrungen haben immer wieder gezeigt, wie ansprechende Abbildungen die Schüler faszinieren, ihre Imagination befeuern, sie mit ein bisschen Glück gar „verzaubern" können. Ähnlich wie Comics ermöglichen Karikaturen somit einen Auf- und Ausbau der in ihrer Bedeutung für das geschichtliche Lernen nicht zu unterschätzenden „Erfahrungsdimension der Sinnlichkeit und Emotionalität".[25]

Anmerkungen

1 Krüger, Werner, Die Karikatur als Medium in der politischen Bildung, Opladen 1969, S. 20.

2 Bergmann, Klaus; Schneider, Gerhard, Das Bild, in: Pandel, Hans-Jürgen; Schneider, Gerhard (Hrsg.), Handbuch Medien im Geschichtsunterricht, Schwalbach/Ts. 2004, S. 225.

3 Bergmann, Klaus, Chance Geschichtsunterricht, Schwalbach 2005, S. 12.

4 Ebd., S. 25.

5 Borries, Bodo von, Quantitative Schülerbefragung und Lehrerbegleitbefragung, in: ders. (Hrsg.), Schulbuchverständnis, Richtlinienbenutzung und Reflexionsprozesse im Geschichtsunterricht: eine qualitativ-quantitative Schüler- und Lehrerbefragung im deutschsprachigen Bildungswesen 2002, Neuried, 2005,

S. 301. Diese These bestätigte jüngst auch Gautschi: Gautschi, Peter (Hrsg.), Geschichtsunterricht heute, in: Geschichtsunterricht heute, Bern 2007, S. 17.

6 Gies, Horst, Geschichtsunterricht. Ein Handbuch zur Unterrichtsplanung, Köln 2004, S. 29.

7 Eine jüngst von Thünemann durchgeführte systematische Untersuchung hat bedauerlicherweise ergeben, dass viele Geschichtslehrwerke eher wenig Wert auf die Entwicklung der historischen Fragekompetenz legen. Thünemann, Holger, Geschichtsunterricht ohne Geschichte? Überlegungen und empirische Befunde zu historischen Fragen im Geschichtsunterricht und im Schulgeschichtsbuch, in: Handro, Saskia; Schönemann, Bernd (Hrsg.), Geschichte und Sprache, Berlin 2010, S. 49-59.

8 Hasberg, Wolfgang, Über den möglichen Nutzen des Fliegenbeinzählens. Empirische Forschung zum historischen Lernen, in: Demantowsky, Marko (Hrsg.), Neue geschichtsdidaktische Positionen, Bochum [2]2006, S. 165.

9 Vgl. Kayser, Jörg, Urteilsbildung im Geschichts- und Politikunterricht, Bonn 2005; Becker, Axel, Urteilsbildung im Geschichtsunterricht aus erzähltheoretischer Sicht, in: Handro, Saskia; Schönemann, Bernd (Hrsg.), Geschichte und Sprache, Berlin 2010, S. 131.

10 Werner, Johannes, Die Karikatur im historisch-politischen Unterricht, o.O., o.J., S. 9.

11 Pandel unterscheidet hier zwischen zeitlicher, räumlicher, politischer, sozialer, religiöser, ethnischer und geschlechtsbedingter Parteilichkeit. Pandel, Hans-Jürgen, Quelleninterpretation. Die schriftliche Quelle im Geschichtsunterricht, Schwalbach [3]2006, S. 102.

12 Borries, Bodo von, Quantitative Schülerbefragung und Lehrerbegleitbefragung, in: ders. (Hrsg.) Schulbuchverständnis, Richtlinienbenutzung und Reflexionsprozesse im Geschichtsunterricht: eine qualitativ-quantitative Schüler- und Lehrerbefragung im deutschsprachigen Bildungswesen 2002, Neuried, 2005, S. 299.

13 Vgl. Barricelli, Michele; Sauer, Michael, „Was ist guter Geschichtsunterricht?" Fachdidaktische Kategorien zur Beobachtung und Analyse von Geschichtsunterricht, GWU 57 (2006), H. 1, S. 4-26.

14 Allerdings bemängelt Borries, dass Forderungen nach Multiperspektivität im Unterricht noch zu selten eingelöst werden. Borries, Bodo von, Quantitative Schülerbefragung und Lehrerbegleitbefragung, in: ders. (Hrsg.) Schulbuchverständnis, Richtlinienbenutzung und Reflexionsprozesse im Geschichtsunterricht: eine qualitativ-quantitative Schüler- und Lehrerbefragung im deutschsprachigen Bildungswesen 2002, Neuried 2005, S. 298.

15 Vgl. Kaufmann, Günter, Doppelbilder – Anregungen zum Umgang mit historischen Bildquellen, in: GWU 43 (1992), H. 11, S. 660.

16 Bergmann, Klaus, „... so ist das Bild immer notwendig ein beschränktes" – historisches Denken durch Bilder, in: Schneider, Gerhard (Hrsg.), Die visuelle Dimension des Historischen. Hans-Jürgen Pandel zum 60. Geburtstag, Schwalbach/Ts. 2002, S. 14.

17 Borries, Bodo von, Historisch Denken Lernen – Welterschließung statt Epochenüberblick, Opladen 2008, S. 44.

18 Vgl. Barricelli, Michele, Schüler erzählen Geschichte. Narrative Kompetenz im Geschichtsunterricht, Schwalbach/Ts. 2005.

19 Erstaunlicherweise geht Pandel auf diese besonderen Vorzüge der Karikatur im

Zusammenhang mit dem visuellen Erzählen in seinem Beitrag nicht näher ein: Pandel, Hans-Jürgen, Visuelles Erzählen. Zur Didaktik von Bildgeschichten, in: ders.; Schneider, Gerhard (Hrsg.), Handbuch Medien im Geschichtsunterricht, Schwalbach/Ts. 2004, S. 390 ff.

20 Kneile-Klenk, Karin, Pauken oder Lernen? Abwechslungsreich wiederholen und festigen im Geschichtsunterricht, Schwalbach/Ts. 2008, S. 16 f.

21 Wunderer, Hartmann, Geschichtsunterricht in der Sekundarstufe II, Schwalbach/Ts. 2000, S. 6.

22 Mounajed, René, Geschichte in Sequenzen. Über den Einsatz von Geschichtscomics im Geschichtsunterricht, Frankfurt/M. 2009.

23 Pandel fordert zurecht, dass es nach PISA vermehrt darum gehen muss, „die Kohärenz von Ereignisketten [wieder] zu einer zentralen Kategorie des Geschichtsunterrichts zu machen". Pandel, Hans-Jürgen, Die Wiedergewinnung von Sinn und Sinnlichkeit. Geschichtsdidaktische Konsequenzen aus PISA in zehn Thesen, in: Informationen für den Geschichts- und Gemeinschaftskundelehrer 65 (2003), S. 64.

24 Pandel, Hans-Jürgen, Bildinterpretation. Die Bildquelle im Geschichtsunterricht, Schwalbach/Ts. 2008, S. 162; Pandel, Hans-Jürgen, Comics. Gezeichnete Narrativität und gedeutete Geschichte, in: ders.; Schneider, Gerhard (Hrsg.), Handbuch Medien im Geschichtsunterricht, Schwalbach/Ts. 2004, S. 359.

25 Ebd., S. 354.

5. Karikaturen im Geschichtsschulbuch

Untersucht man ältere Schulbücher für die Sekundarstufe I aus den 1970er und 1980er Jahren hinsichtlich der Verwendung von Bildern unterschiedlichster Art, so fällt zunächst auf, dass sie, was die Epoche des 20. Jahrhunderts anbetrifft, teilweise schon ähnlich viele visuelle Quellen wie aktuelle Geschichtslehrwerke enthalten. Allerdings dominieren hier zumeist Porträts führender Persönlichkeiten, Gemälde, Fotographien und (Wahl-)Plakate, während Karikaturen nur sehr selten Aufnahme fanden. Hier hat sich in den letzten zwei Jahrzehnten ein stiller Wandel vollzogen, immer mehr Schulbuchmacher entscheiden sich immer häufiger für Quellen dieser Gattung. Die zunehmende Beliebtheit der Karikatur ist dabei auch daran abzulesen, dass die „Interpretation einer Karikatur" mittlerweile in vielen Schulgeschichtsbüchern im Rahmen eigener Methodenseiten vorgestellt wird. Im folgenden Kapitel sollen zunächst kurz einige der unter Schulbuchautoren besonders beliebten Karikaturen vorgestellt sowie gegenwärtige Bemühungen um eine Aktualisierung dieses „klassischen" Kanons untersucht werden. Anschließend wird die Präsentation graphischer Leitartikel – Bildgröße, Arbeitsaufträge, Umgang mit editorischen Angaben – anhand von Beispielen genauer beleuchtet, bevor abschließend einige wenige Kommentare zur Vermittlung von Methodenkompetenz im Umgang mit Karikaturen folgen. Hierbei wird ebenfalls auf das relativ neue Phänomen der „Methodenseiten" eingegangen.

Abb. 34: „Ich wusste ja, dass wir auch mal an die Reihe kämen", 1789 (anonym)

Die bekannte Zeichnung aus der Französischen Revolution wird im Mittelstufenbuch Geschichte und Geschehen 2 wie folgt präsentiert: Alle in der Karikatur enthaltenen Textelemente wurden nummeriert und übersetzt.

(Geschichte und Geschehen 2 [Vorabexemplar], Stuttgart: Klett 2009, S. 194)

5.1 Bewährte „Klassiker" und neuere Tendenzen

Die Karikaturarbeit beginnt im Geschichtsunterricht in der Mittelstufe. Die Erstbegegnung der Lernenden mit der neuen Quellengattung erfolgt hier klassischerweise im Kontext der Französischen Revolution mit der Zeichnung „Man muss hoffen, dass dieses Spiel bald vorbei ist" („A faut esperer qu'eu se jeu la finira bientot", 1789, vgl. Abb. 5). Dieses Werk eines unbekannten Künstlers eignet sich ausgezeichnet für alle Schulformen, da die Karikatur die Privilegien und Sorgen der drei Stände äußerst plakativ darstellt (dennoch muss sie gründlich erarbeitet werden!) und weil mit „Ich wusste ja, dass wir auch mal an die Reihe kämen" („J'savais ben qu'aurions not tour", anonym, 1789, Abb. 34) eine Karikatur existiert, welche im Sinne einer diachronen Folgekarikatur ersterer gegenübergestellt werden kann.[1]

Ein vergleichender Blick in ältere und neuere Geschichtslehrwerke zeigt, dass sich der graphische Kommentar heute zunehmender Beliebtheit erfreut. Eine Reihe von Karikaturen haben sich dabei unter den Schulbuchautoren in den letzten Jahrzehnten zu wahren „Klassikern" entwickelt. Zu nennen sind hier u.a. „Buonapartes Stuffenjahre" (Johann Michael Voltz, 1814), der „Denkerclub" (anonym, 1819, Abb. 35), „Balkan troubles" (Punch 1908), „Wie sollen wir uns die Hand geben?" (Simplicissimus, 1912), Lows „The spineless leaders of democracy" (Evening Standard, 8.7.1936) oder Illingworths Kommentar zur Kubakrise (Daily Mail, 29.10.1962, Abb. 36). Man mag das Vorgehen der Schulbuchautoren bedauern, auf immer dieselben Zeichnungen zurückzugreifen. Dem Geschichtslehrer sind die oben aufgezählten Klassiker bereits nach wenigen Berufsjahren vertraut. Aber was der Lehrkraft unter Umständen eintönig erscheint, fällt den Schülern nicht auf, für sie sind alle genannten Karikaturen jeweils neu.[2] Vor allem: Viele der „Klassiker" sind so eingängig, dass sie bis heute unübertroffen bleiben.

Trotz der Tatsache, dass sich viele der traditionellen Karikaturen im Geschichtsunterricht bewährt haben, ist in einigen jüngeren Lehrwerken deutlich das Bemühen erkennbar, den bisherigen Kanon an klassischen Karikaturen durch einige bislang eher unbekannte Zeichnungen zu ersetzen bzw. zu ergänzen.[3] Stammten die in unseren Schulbüchern abgebildeten Karikaturen lange Zeit nahezu ausschließlich aus westlichen Ländern, vor allem aus dem deutschen Sprachraum, so ist in jüngster Zeit zu beobachten, dass zunehmend auch Karikaturen aus Ländern außerhalb Westeuropas Aufnahme in die Geschichtsschulbücher finden.[4] Dieses unter dem Gesichtspunkt Multiperspektivität an sich lobenswerte Ansinnen kann allerdings dazu führen, dass mitunter recht komplexe Karikaturen Verwendung finden, die sich ohne ergänzende Hinweise selbst dem Lehrer nicht ohne weiteres erschließen.[5]

Abb. 35: Der Denker-Club, 1819 (anonym)

Eine Schlüsselkarikatur, welche in zahlreichen Lehrwerken abgebildet ist und die politische Atmosphäre der Metternichzeit nach den Karlsbader Beschlüssen sehr schön einfängt.

(Sammlung des Autors)

Abb. 36: Leslie Gilbert Illingworth, „Einverstanden, Herr Präsident, wir reden miteinander", Daily Mail, 29.10.1962

Ein absoluter „Klassiker der Karikatur" welche bereits seit Jahrzehnten fester Bestandteil fast aller deutschen Geschichtslehrwerke ist und sich im Übrigen auch in den meisten englischen Geschichtsschulbüchern wieder findet. Dass das Motiv auf eine Zeichnung E. M. Langs aus dem Jahr 1948 zurückgeht, dürfte nur den wenigsten bekannt sein. (Letztere ist abgedruckt in Dollinger, Hans, Lachen streng verboten. Die Geschichte der Deutschen im Spiegel der Karikatur, München 1972, S. 323.)

(Sammlung des Autors)

Abb. 37: Diese Karikatur wird in einem aktuellen Oberstufenlehrbuch unter der Überschrift „Arabische Sichtweise auf die Konflikte in Palästina und Irak" präsentiert. Die Zeichnung entstand im Jahr 2004 und zeigt Israels Premierminister Netanjahu und den amerikanischen Präsidenten George W. Bush.

(Geschichte und Geschehen. Neuzeit (Oberstufenband), Stuttgart: Klett 2010, S. 529)

5.2 Kritik an der Präsentation von Bildquellen

Eine sinnvolle Auswahl aussagekräftiger, motivierender und ästhetisch ansprechender Karikaturen durch die Schulbuchmacher ist wichtig. Fast noch wichtiger ist jedoch die Präsentation der Zeichnung – und hier ergibt eine Durchsicht neuerer Geschichtslehrbüchern ein eher heterogenes Bild. Schulbuchschelte allgemein und Kritik an der Quellen- und Bildquellenpräsentation im Besonderen sind inzwischen Legende,[6] und manche Kritiker kommen mitunter arg besserwisserisch daher. Dennoch muss im Folgenden kurz auf einige typische Mängel bei der Verwendung von Karikaturen in älteren wie auch in aktuellen Lehrwerken hingewiesen werden. Nur so wird deutlich, wie eine Lernprozesse optimal unterstützende Präsentation auszusehen hat.

Bereits seit Jahrzehnten wird zu Recht die Verwendung von Karikaturen zu reinen Illustrationszwecken beklagt. Geschichtslehrwerke, welche kritische Graphik lediglich illustrierend und nicht heuristisch einsetzen, verwenden oft allzu kleine, teilweise winzige Abbildungen. Mit diesen kann man im aber im Unterricht nicht richtig arbeiten. Ein klarer Hinweis auf den Einsatz von Karikaturen allein zu illustrativen Zwecken ist dabei oft das Fehlen von Arbeitsaufträgen, welche sich explizit auch auf das visuelle Material beziehen.[7] Der hohe Quellenwert kritischer Graphik (vgl. Kapitel 1.4) bleibt in diesem Falle ungenutzt. Fairerweise muss aber auch gesagt werden, dass dies ein Misstand ist, der sich inzwischen immer seltener feststellen lässt: Die meisten neueren Lehrwerke enthalten mittlerweile Arbeitsaufgaben, die sich speziell auf die Arbeit mit der jeweiligen Karikatur beziehen, manchmal finden sich diese Arbeitsaufträge sogar direkt neben der Abbildung.

Ist die quellenkritische Untersuchung von im Schulbuch enthaltenen Karikaturen heute zumindest in der Fachdidaktik unumstritten,[8] so lässt sich über den adäquaten Umgang mit editorischen Anmerkungen und notwendigen Erläuterungen auch weiterhin trefflich streiten. Einerseits wird immer wieder kritisiert, dass weiterhin viele Karikaturen ohne weiteren Kommentar und zum Teil sogar ohne (korrekten) Titel, ohne Angabe des Erscheinungsdatums, Autors oder Ort der Veröffentlichung präsentiert werden. Diese Angaben sind in der Tat für eine korrekte Interpretation und ein historisch wie normativ triftiges Urteil unbedingt notwendig. Andererseits wünschen sich Geschichtslehrer manchmal einen Verzicht auf diese Angaben, um die Schüler zunächst einmal rätseln und vermuten zu lassen. Manche Schulbuchautoren schießen in ihrem Bemühen, den Schülern das Verständnis des graphischen Kommentars zu erleichtern, gar völlig über das Ziel hinaus und nehmen die Interpretation der Abbildung im Begleittext praktisch vorweg.[9]

Karikaturen sollen die Schüler zum Fragen und Nachdenken anregen. Hierzu müssen Angaben zum Entstehungskontext zunächst oft zurückgehalten werden. Aber gleichzeitig sollen die Lernenden nicht durch zu viele fehlende Informationen überfordert werden. So benötigen die Schüler zur adäquaten Interpretation eines graphischen Leitartikels alle zur Verfügung stehenden Angaben zu Zeichnung und Zeichner. Beiden Intentionen in gleicher Weise zu entsprechen, ist gleichzusetzen mit der Quadratur des Kreises. Diese Problematik müssten auch jene Geschichtsdidaktiker berücksichtigen, die immer wieder den „nachlässigen" Umgang mit editorischen Anmerkungen in Geschichtsschulbüchern anprangern. Um das immense didaktische Potential des Rätselns, angestrengten Nachdenkens und Vermutens besser auszuschöpfen, wären die Angaben zu Zeichner, Erscheinungsdatum und Titel der Karikatur wohl sinnvoller im Lehrerbegleitband aufgehoben. Noch besser wäre freilich die Verwendung von Folien, für deren Einsatz im vorliegenden

Büchlein plädiert wird: hier können die Angaben zum Verfasser etc. (ebenso wie bestimmte Details der Zeichnung) zunächst verdeckt und dann nach und nach von den Schülern erschlossen werden.

M 9 Karikatur zum Schuman-Plan

Beseelt vom Geiste Gustav Stresemanns, des deutschen Außenministers der Weimarer Republik, baut Bundeskanzler Konrad Adenauer an der deutsch-französischen Verständigung. Rechts protestiert der sozialdemokratische Oppositionsführer Kurt Schumacher.

Abb. 38: Welche und wie viele Informationen sollten Schulbuchmacher geben, um einerseits den Rebus-Charakter einer Karikatur nicht zu zerstören und andererseits den Schülern die Möglichkeit einer adäquaten Interpretation zu geben? Dieser Ausschnitt aus einem aktuellen Geschichtsbuch für die Oberstufe nimmt den Schülern durch die Überschrift „Karikatur zum Schuman-Plan" und die ausführliche Erläuterung bereits einen Großteil der Interpretationsleistung ab. Allein um die Zeichnung nur zu beschreiben, brauchen die Schüler eigentlich nur den Text vorlesen. Zudem ist zu kritisieren, dass die Zeichnung ohne Datum (14.4.1951), ohne die originale Bildunterschrift („Der Geist Stresemanns") und ohne Nennung des Zeichners (Friedrich Meinhard) dargeboten wird. Sinnvoll erscheint dagegen die Kennzeichnung Gustav Stresemanns und Kurt Schumachers, deren Konterfei die Schüler aller Voraussicht nach nicht kennen. Was Konrad Adenauer anbetrifft, müsste die Lehrkraft sicherstellen, dass der erste Kanzler der Bundesrepublik ebenfalls von allen Lernenden erkannt wird.

(Horizonte II, Braunschweig: Westermann 2003, S. 565)

5.3 Aufbau von Methodenkompetenz

Heute enthalten alle aktuellen Geschichtslehrbücher spezielle Methodenseiten, anhand derer die Fähigkeit, Karikaturen zu interpretieren, gezielt einstudiert werden kann.[10] Während einige Autoren sich dazu entschlossen haben, die Karikaturanalyse jeweils im unterrichtsthematischen Zusammenhang zu vermitteln, „verstecken" andere Lehrwerkmacher bedauerlicherweise ihre Methodenseiten im Anhang des Schulbuches. Wie dieses „Methodentraining" genau aussieht, wie umfangreich und hilfreich die Interpretationshinweise sind, unterscheidet sich ebenfalls von Fall zu Fall. Eine mustergültige Einführung in die Karikaturarbeit findet sich in der aktuellen Mittelstufenausgabe von „Geschichte und Geschehen 2". Nicht nur werden die verwendeten Zeichnungen in ausreichender Größe reproduziert, so dass das Lesen auch des Kleingedruckten möglich wird, alle Karikaturen sind auch mit einem klaren und sinnvollen Arbeitsauftrag versehen. Zwar erfolgt eine detaillierte Einführung in die Karikaturarbeit erst im thematischen Zusammenhang des Vormärz, nachdem sich die Schüler im Zuge der Französischen Revolution schon mehrmals mit graphischen Kommentaren auseinanderzusetzen hatten. Jedoch sind die im Kapitel zur Französischen Revolution enthaltenen Karikaturen und Arbeitsaufträge so ausgewählt und präsentiert, dass sich eine klare Progression des Anspruchsniveaus erkennen lässt und die Schüler ihre Methodenkompetenz schrittweise auf- und ausbauen können.[11] Auch der Umgang mit Symbolen wird, ähnlich wie es Klaus Fieberg in seinen diversen Veröffentlichungen vorgeschlagen hat,[12] systematisch und u.a. anhand von „Karikaturschnipseln" eingeübt. Die eigentliche Methodenseite synthetisiert dann nur noch die bereits einstudierten Fertigkeiten und stellt eine mustergültige Karikaturinterpretation vor, die auf dem Dreischritt Beschreiben, Untersuchen und Deuten fußt. Während die Autoren zunächst kurz und knapp erläutern, was von den Schülern unter dem jeweiligen Arbeitsschritt erwartet wird, stellen sie daran anschließend eine detaillierte Musterlösung vor. Indem wohldosiert und über das gesamte Lehrwerk verteilt – im Sinne eines methodischen Spiralcurriculums – weitere Karikaturen ausführlich vorgestellt und teilweise auch beispielhaft ausgewertet werden, ermöglicht das von Michael Sauer herausgegebene Schulbuch den Schülern so einen zunehmend souveräneren Umgang mit der Quellengattung.[13]

Dass Karikaturen nicht nur für Gymnasiasten geeignete Lernmaterialien darstellen und wie man auch lernschwächere Schüler im Umgang mit diesen Quellen schult, zeigt das für die Hauptschule konzipierte

Lehrwerk „mitmischen 3". Unter der Überschrift „Weimars Ende in Karikaturen" gelingt es den Autoren mittels zweier geschickt ausgewählter Zeichnungen in vorbildhafter Art und Weise, Karikaturarbeit didaktisch so zu reduzieren, dass die größten Lernhemmnisse beiseite geräumt werden und der Komplexität der Gattung dennoch Rechnung getragen wird.[14]

Anmerkungen

1 Als dritte Variante existiert zudem eine Versinnbildlichung der drei Stände anhand einer Bäuerin, einer Nonne und einer Adeligen (anonym, 1789).

2 Eigene Umfragen unter durchaus geschichtsinteressierten Oberstufenschülern ergaben, dass selbst eine in fast allen Geschichtslehrwerken der Mittelstufe abgebildete Karikatur wie der „Denkerclub" kaum einem der Schüler bekannt ist.

3 Vgl. z.B. Kursbuch Geschichte (Nordrhein-Westfalen), Berlin: Cornelsen 2010, S. 126, 288, 295, 318, 345; Das waren Zeiten 3 (Gymnasium Nordrhein-Westfalen), Bamberg: Buchner 2010, S. 44, 53, 138, 160, 239, 260.

4 So greift etwa das „Kursbuch Geschichte" die Frage eines möglichen EU-Beitritts der Türkei anhand einer türkischen Karikatur und die „Entdeckung" Amerikas durch Kolumbus anhand einer aktuellen südamerikanischen Karikatur auf. Kursbuch Geschichte (Nordrhein-Westfalen), Berlin: Cornelsen 2010, S. 129, 178.

5 Vgl. z.B. Das waren Zeiten 3 (Gymnasium Nordrhein-Westfalen), Bamberg: Buchner 2010, S. 53.

6 Vgl. u.a. Kaufmann, Günter, Neue Bücher – alte Fehler, in: GWU 51 (2000), H. 2, S. 68-87.

7 Vgl. z.B. Entdecken und Verstehen, Bd. 4, Ausgabe Hessen, Berlin: Cornelsen 2001, S. 127, 135; Horizonte II, Braunschweig: Westermann 2003, S. 162.

8 Schönemann, Bernd; Thünemann, Holger, Schulbucharbeit. Das Geschichtslehrbuch in der Unterrichtspraxis, Schwalbach/Ts. 2010, S. 89.

9 Eine gelungene Präsentation einer Karikatur, die eine sinnvolle, nicht zu weit vorgreifende Erläuterung einschließt, findet sich z.B. in Horizonte II, Braunschweig: Westermann 2003, S. 569.

10 Eine recht kritische Einschätzung der sich beständig ausweitenden Methodenteile findet sich bei Schönemann, Bernd; Thünemann, Holger, Schulbucharbeit. Das Geschichtslehrbuch in der Unterrichtspraxis, Schwalbach/Ts. 2010, S. 96f.

11 Eine der ersten zu untersuchenden Karikaturen ist das bereits erwähnte Flugblatt „Ich wusste ja, dass wir auch mal an die Reihe kämen" (Abb. 34), welches durch sinnvolle Arbeitsaufträge („Gib der Karikatur einen treffenden Titel") erschlossen wird. Geschichte und Geschehen 2 [Vorabexemplar], Stuttgart: Klett 2009, S. 194f. Lobenswert ist ebenfalls der Ansatz, die für die Interpretation wichtigen Schriftzüge direkt in der Karikatur zu markieren und zu übersetzen.

12 Vgl. etwa Fieberg, Klaus, „The Zenith of French Glory“. Die hypertextuelle Erschließung einer Karikatur, in: Praxis Geschichte 5/2001, S. 28-31.

13 Geschichte und Geschehen 2 [Vorabexemplar], Stuttgart: Klett 2009, S. 240f. Das Autorengespann scheut sich zudem nicht, den Schülern auch direkt kurze Einhilfen zu geben, wenn dies für das Verständnis der Karikatur unerlässlich ist. Vgl. die bekannte Zeichnung „Der deutsche Michel und seine Kappe im Jahr 1848“ (Abb. 9), die sinnvollerweise mit der Bemerkung „Der ‚Michel‘ steht für den typischen Deutschen“ präsentiert wird. Ebd., S. 251. Eine ärgerliche Tendenz vieler Schulbuchmacher ist dagegen das „Verstecken“ der Methodenseiten zur Karikaturarbeit im Anhang des Lehrwerks. Sinnvoller erscheint eine Integration in die einzelnen Kapitel.

14 Mitmischen 3 (Nordrhein-Westfalen), Stuttgart: Klett 2010, S. 32f.

6. Die Karikatur im Geschichtsunterricht: Hinweise zum Umgang mit einer anspruchsvollen Gattung

6.1 Zum Bildverständnis von Schülern: Empirische Untersuchungen

Einerseits betonen Geschichtsdidaktiker immer wieder die Chancen des Bildeinsatzes im historischen Unterricht (vgl. Kapitel 4). Andererseits zeigen verschiedene empirische Untersuchungen, dass es einen gewissen Widerspruch zwischen den großen Potentialen des Bildes und der schulischen Realität gibt. Wolfrum und Sauer etwa haben in einer kleineren quantitativ-qualitativen Untersuchung Antworten auf die Fragen gesucht,

- was Schüler von Bildern als Unterrichtsmaterial halten,
- inwieweit Schüler in der Lage sind, Bilder als Quellen wahrzunehmen und
- wie Schüler bei der Bildbearbeitung vorgehen.[1]

Die Ergebnisse, die hier nicht im Detail wiedergegeben werden können, zeigten, dass sich die Schüler des Nutzens von Bildern für historische Lehr- und Lernprozesse zwar bewusst sind, dass sie aber große Schwierigkeiten bei der Bildbearbeitung und insbesondere auch bei der kritischen Reflexion der Quellen haben.[2] Eine von Markus Bernhardt durchgeführte Untersuchung zum Bildverständnis von Schülern ergab ähnliche Probleme:

- „Die Schülerinnen und Schüler beschrieben nicht den Gesamtzusammenhang, sondern Teilzusammenhänge des Bildes.
- Sie ignorierten Details oder überinterpretierten sie.
- Sie folgten keiner allgemeinen Systematik, sondern gingen ganz individuell und sprunghaft vor.
- Sie erkannten zwar das „Historische" an den Bildern, aber maßen ihm wenig Bedeutung zu. Alle zeitlichen Zuweisungen waren sehr ungenau."[3]

Das Hauptproblem, dies haben auch andere Untersuchungen gezeigt: Ohne kritische Nachfrage, ohne klare Aufgaben, entscheidet der Schüler autonom, wann und ob er eine Karikatur „verstanden" hat – und allzu oft gibt er sich dabei leider mit einem Minimum an Verstehen oder sogar mit dem Zustand des Nichtverstehens zufrieden.[4]

6.2 Interpretationsschemata zur Karikaturenanalyse

Diese ernüchternden empirischen Befunde zwingen dazu, neu über die Arbeit mit Karikaturen im Geschichtsunterricht nachzudenken und insbesondere vorliegende Interpretationsmodelle einer genaueren Prüfung zu unterziehen. Das bekannteste Bildinterpretationsmodell hat vor über 50 Jahren Erwin Panofsky mit der „vorikonographischen Beschreibung", der „ikonographischen Analyse" und der „ikonologischen Interpretation" vorgelegt.[5] Für den Geschichtsunterricht ist Panofskys Schema der Bildinterpretation jedoch nur bedingt geeignet. Herbert und Werner Krüger sprachen sich schon 1981 gegen das klassische Drei-Stufen-Modell (Ansehen – Beschreiben – Analysieren) aus, da dieses „weder der Darstellungsabsicht des Künstlers (die Karikatur soll ‚anspringen') noch der Aufnahmeweise des Betrachters (sie erregt einen spezifischen Sofort-Gesamtreiz und danach allenfalls das Verlangen nach Detailuntersuchung) angemessen ist."[6] Während Markus Bernhardt das immer noch häufig angewendete Interpretationsschema gar „für die Arbeit im Unterricht im Prinzip untauglich" hält,[7] beklagt Pandel eher den unbefangenen Umgang mit dem Modell. Er kritisiert, dass das durchaus brauchbare Schema der dreistufigen ikonographisch-ikonologischen Analyse zumeist lediglich zur Begründung „trivialer Vermittlungsschritte" herangezogen wurde.[8] Pandel hat deshalb unter Rückgriff auf Rainer Wohlfeil Panofskys ursprüngliches kunstgeschichtliches Modell erweitert und unterscheidet zwischen drei Schritten der interpretatorischen Sinnbildung sowie vier Ebenen der Bildinterpretation.[9]

Auch das Modell Pandels ist nicht unwidersprochen geblieben;[10] bis heute zeichnet sich unter Geschichtsdidaktikern kein rechter Konsens hinsichtlich eines allgemein akzeptierten Interpretationsmodelles für den Umgang mit Bildquellen ab. Gleichzeitig ist zu berücksichtigen, dass es sich bei Karikaturen um eine Sonderform handelt, die sich in verschiedener Hinsicht von anderen Bildern unterscheidet und deshalb eines spezifischen Interpretationsmodelles bedarf. Ich plädiere daher für eine pragmatische Herangehensweise und werde im Folgenden versuchen, die m.E. wichtigsten Interpretationsschritte aufzulisten und jeweils durch zentrale Operationen (Box S. 103) sowie wichtige Leitfragen (Box S. 105) genauer zu spezifizieren.

Interpretationsschema zur Analyse von Karikaturen

1. Erstbegegnung
   - Äußern von spontanen Eindrücken, Gefühlen, erste kurze Stellungnahmen
   - Äußerungen zum Gesamteindruck
   - Benennung von auffälligen Einzelheiten, hervorstechenden Details
   - Stellen von Fragen, eventuell Aufstellung von Hypothesen

2. Feststellung formaler Merkmale
   - Zeichner
   - Titel
   - Entstehungsdatum
   - Ort der Veröffentlichung

3. Beschreibung
   - systematisches Beschreiben der Karikatur
   - Bennennung aller Einzelheiten (Gegenstände, Personen, Typen)
   - Beschreibung der Gestaltungsmittel (Komposition, Symbole, Techniken, Perspektive)

4. Historischer Kontext und Analyse
   - Bewusstmachung des historischen Kontexts
   - Identifikation von historischen Personen, Erläuterung von Typen
   - Erschließen von Thema und Inhalt der Karikatur
   - Interpretation der vom Zeichner gewählten Gestaltungsmittel

5. Interpretation und Urteilsbildung
   - Zusammenfassung der Bildaussage
   - Benennung der Intention des Karikaturisten
   - Erörtern der Wirkung der Karikatur auf den zeitgenössischen Betrachter
   - Diskussion der Wirkung der Karikatur auf den heutigen Betrachter
   - Beurteilung des Quellenwertes der Karikatur
   - Bewertung der Karikatur

Im Sinne eines lebensgerechten und lebendigen Unterrichts erscheint es in der Phase der *Erstbegegnung* in der Regel sinnvoll, dem natürlichen Rezeptionsvorgang der Schüler „mit Regungen wie Amüsiertheit oder Provoziertsein, Zustimmen- oder Ablehnenwollen zunächst seinen Lauf zu lassen.“[11]

Im Anschluss an die Spontanreaktionen der Lernenden sowie die kurze Bewusstmachung von Autor, Erscheinungsort und -jahr (*Feststellung formaler Merkmale*) geht es darum, die Karikatur detailliert zu beschreiben. Dieser Schritt ist dabei mehr als eine Aufmerksamkeitsübung, die *Beschreibung* „verbalisiert Visualität“, übersetzt also Bildelemente in Sprache.[12] Hier sollte zunächst unbedingt die denotative, eine Interpretation vermeidende Beschreibung im Vordergrund stehen. Nur so kann sichergestellt werden, dass alle Schüler alle (wichtigen) Details der Zeichnung erkennen und Zeit genug haben, das Gesehene in Ruhe aufzunehmen und zu verarbeiten. Dies ist nicht nur für schwächere, in der Bildbetrachtung ungeübte Schüler wichtig: Auch stärkere Schüler neigen in ihrem Streben nach Anerkennung oder guten Noten, nach dem Motto, „ich habe die Karikatur als erster verstanden!“, dazu, kleine Details zu ignorieren, die im Zuge der späteren Deutung von wesentlicher Bedeutung sein können. Wichtig ist zudem: Ein nicht benanntes Detail (Gegenstand, Position, Gesichtsausdruck) kann nicht in die Interpretation eingehen. Dabei geht es nicht allein darum, Gegenstände und Personen zu identifizieren, sondern auch um die Beschreibung von Größe und Form dieser Elemente, um Hinweise auf Verzerrung und Perspektive.[13]

Ist die Stufe der Beschreibung abgeschlossen, leitet die Lehrkraft zur eigentlichen *Analyse*- und Bewertungsphase über. Nun werden die einzelnen Elemente der Karikatur geordnet, gewichtet und unter Berücksichtigung des *historischen Kontextes* zu einem Gesamtbild synthetisiert. Wenn notwendig, sollte die Lehrkraft hier durch geschickte Impulse oder das Stellen von Leitfragen das Unterrichtsgespräch strukturieren. Nach der Synthese der Teilergebnisse gilt es die Zeichnung abschließend zu beurteilen (*Interpretation und Urteilsbildung*). Hierbei sollte zwischen Sach- und Werturteil unterschieden werden. Im weiteren Unterrichtsverlauf sollten dann die mit Hilfe der Karikaturinterpretation gewonnen Erkenntnisse mit sprachlich-verbalen Quellen verglichen und auf dem Hintergrund von Zusatzinformationen kritisch reflektiert werden.[14] Weitere, durch die Zeichnung ausgelöste Fragen wie „Wie ist es zu der dargestellten Situation gekommen?“ „Was folgte danach?“[15] können die Schüler zu noch tiefgründigerem historischem Denken anspornen und Narrativierung fördern.

Leitfragen zur Analyse von Karikaturen

1. Erstbegegnung
   - Welchen Eindruck macht die Karikatur auf euch?
   - Löst die Zeichnung bestimmte Gefühle bei euch aus?
   - Welches Thema scheint die Karikatur zu behandeln?
   - Welche Fragen wirft die Karikatur auf?
2. Feststellung formaler Merkmale
   - Wer ist der Zeichner? (Aus welchem Land stammt er? Welcher politischen Richtung ist er bzw. ist seine Zeitung zuzuordnen?)
   - Wo (Ort, Land, Zeitung, Zeitschrift, Flugblatt) und wann wurde die Karikatur veröffentlicht?
   - Ist etwas bekannt über Verbreitungs- und Bekanntheitsgrad der Karikatur?
3. Beschreibung
   - Zeigt die Karikatur reale Personen, Typen oder Kombinationen? Welche?
   - Wie sind die Personen dargestellt (Größenverhältnisse, Verzerrungen)?
   - Wie ist der Bildaufbau gestaltet? (Vordergrund, Hintergrund, Perspektive)
   - Wie ist die Mimik der dargestellten Personen zu beschreiben (drohend, belustigt, verzweifelt, erstaunt, verdutzt, erschrocken)?
   - Wie ist die Gestik und Körperhaltung der dargestellten Personen zu beschreiben (und steht sie in Relation zur Mimik)?
   - Welche Handlung wird dargestellt?
   - Welche Gegenstände sind aufgeführt?
4. Historischer Kontext und Analyse
   - Gibt es einen konkreten Anlass zur Entstehung der Karikatur?
   - Auf welche geschichtliche Situation bzw. welche historischen Zusammenhänge bezieht sich der Zeichner?
   - In welchem Verhältnis steht der Text zu den Bildelementen (Und welche Funktion hat der Text)?
   - Welche Symbolik und Metaphorik haben einzelne zeichnerische Elemente?
   - Was ist die Botschaft bzw. die Kritik des Karikaturisten?
   - Welche zeitgenössische Funktion, welches Ziel hatte die Quelle?
5. Interpretation und Urteilsbildung
   - Welche potentielle Wirkung hat die Karikatur auf den Betrachter? Wie überzeugend sind Darstellung und Botschaft?
   - Entspricht die Darstellung den historischen Tatsachen (oder verzerrt der Zeichner die realen Ereignisse bewusst/unbewusst)?
   - Wie ist die Karikatur aus heutiger Sicht zu bewerten?[16]

Sicherlich wird man im Unterrichtsgespräch nur selten alle fünf Interpretationsstufen genau in der vorgestellten Reihenfolge durchlaufen, weil Schüler vorgreifen oder weil je nach Karikatur einzelne Arbeitsschritte wegfallen bzw. miteinander vermischt werden.[17] Auch ein strenges Abarbeiten des vorgegebenen Fragekatalogs sollte vermieden werden, da dies eine allzu starke Lenkung des Schülerhandelns impliziert und die Lernenden in ihrer Selbständigkeit einschränkt. Im Optimalfall setzt die Lehrkraft lediglich einige knappe Impulse, etwa, wenn das Unterrichtsgespräch ins Stocken gerät oder wichtige Analyseschritte zu rasch abgehakt oder ganz übergangen werden. Die fruchtbarsten Fragen und Impulse ergeben sich schließlich stets aus dem jeweiligen Diskussionsverlauf, und variieren zudem stark je nach Quelle. Die vorgelegten Leitfragen sind deshalb lediglich als Anregung und „Steinbruch" zu verstehen.

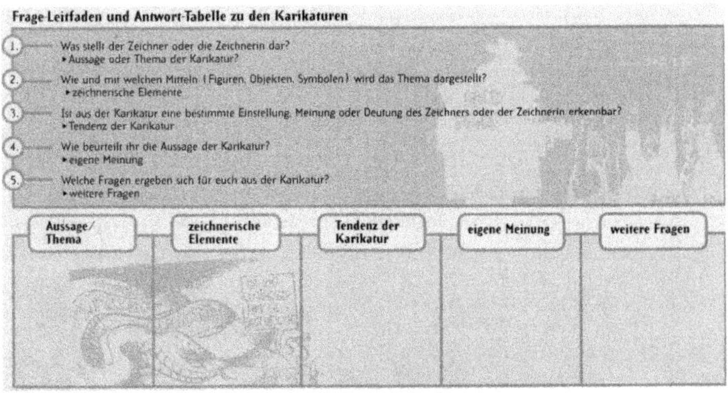

Abb. 39: Die Schüler geben sich – gerade in Gruppenarbeit – schnell mit einer nur scheinbar erschöpfenden Karikaturanalyse zufrieden. Das Ausfüllen einer Tabelle wie dieser bringt ein gewisses Maß an Verbindlichkeit mit sich, ohne das die Karikaturarbeit oft zu eher unbefriedigenden Ergebnissen führt. Bei diesem an sich sehr lobenswerten Interpretationsschema, das für den Politikunterricht konzipiert wurde, muss im Fach Geschichte allerdings eine weitere Spalte für Notizen zum „historischen Kontext" ergänzt werden.

(„Methoden-Kiste", Bundeszentrale für politische Bildung, o.J.)

Noch seltener als in der vom Lehrer behutsam gelenkten Plenumsdiskussion werden sich die Schüler in Partner- oder Gruppenarbeit strikt an die oben vorgestellte Schrittfolge der Interpretation halten. Stattdessen werden sie mitunter zwischen Beschreibung, der Benennung formaler Merkmale, Interpretation und dem Heranziehen des historischen Kontexts immer wieder hin und her springen und dabei auch die ein oder andere Phase einfach übergehen. Für offene Lernformen lautet die Konsequenz, den Schülern ein vorstrukturiertes Interpretationsschema (vgl. Abb. 39) an die Hand zu geben und sie auf das vollständige und gewissenhafte Ausfüllen der Tabelle zu verpflichten – ein Hinweis, der explizit für alle Schulformen und Stufen gilt. Denn ohne den Aufforderungscharakter eines solchen Schemas würde die große Mehrzahl der Schüler aller Erfahrung nach auf einer niedrigen Interpretationsebene stehen bleiben.

6.2.1 Anwendungsbeispiel

Wie eine komplexe Karikatur sinnvoll im Geschichtsunterricht besprochen werden kann, soll im Folgenden anhand einer schon vorgestellten Karikatur (Abb. 16) exemplarisch gezeigt werden. Häufig hat es sich als sinnvoll erwiesen, detail- und anspielungsreiche Zeichnungen auf Folie zu kopieren, um anschließend für alle sichtbar mit einem Folienstift wichtige Elemente zu markieren.

Annotierte Karikatur Schoenfelds (vgl. Abb. 16)

Formale Merkmale

Ort der Veröffentlichung	Bayernkurier: Parteiorgan der CSU
Karikaturist	Karl-Heinz Schoenfeld, geboren 1928, von 1960 bis 2009 Stammzeichner des Hamburger Abendblattes, arbeitet zudem für verschiedene andere Tageszeitungen.
Titel	Ohne Titel
Entstehungsdatum	23.6.2007

Bildelemente und ihre Bedeutung

Straße mit Schild „Sozialismus", die einen Berg hinab führt	Der Weg in den Sozialismus „führt ins Abseits"/„führt in den Abgrund"
Zwei Männer in einem Auto mit dem Schild „Die Linke"	Die damaligen Fraktionsvorsitzenden der Partei „Die Linke" im Bundestag, Gregor Gysi (links) und Oskar Lafontaine (rechts)
Modernes Auto	Wohlstand
Verhärmte Frau mit Kind und kärglichem Besitz auf Bollerwagen	Armut
Durchbrochene Schranke, eingerissene Mauer	Öffnung der Grenze, Fall der Mauer, Wiedervereinigung
Zwei Büsten	Karl Marx (links) und Walter Ulbricht (rechts)
(Gras)	(„über die Sache ist Gras gewachsen")
Schild „Sackgasse"	„Der Weg in den Sozialismus" ist eine Sackgasse: ein falscher Weg
Banner „Der Sozialismus in seinem Lauf"	Anspielung auf Erich Honeckers Ausspruch aus dem Jahr 1989: „Den Sozialismus in seinem Lauf halten weder Ochs' noch Esel auf."
(abgebranntes Haus)	?
Mauer, Stacheldraht, Wachtürme, Zäune	Staatsgrenze der DDR zur BRD, Berliner Mauer
Kalte, sterile Hochhausbauten	Hässliche Plattenbauten als Symbol der DDR
(Jeep)	(Patrouillenfahrt der Grenztruppen auf der Suche nach Mauerflüchtlingen)
(Tal und Berge)	(Der Sozialismus/die DDR liegt in einem längst vergessenen, abgeschiedenen Tal, „hinter den sieben Bergen": Der Sozialismus entstammt einer weit entfernten Welt/Zeit.)

Hinweis: Die nur schwer erkennbaren bzw. in ihrer Bedeutung unklaren Elemente wurden in Klammern gesetzt. Ihre Interpretation ist nicht zwingend erforderlich.

Kontext	Wirtschaftliche Misere der DDR Inhumanität des SED-Regimes, Überwachung, Mauertote Wahlerfolge der SED-Nachfolgepartei PDS (seit 1990 gewinnt sie in den neuen Ländern rund 1/3 der Mandate) Zusammenschluss linker westdeutscher Parteien und der PDS zur Partei Die Linke Wahlerfolge und Umfragehochs der Linkspartei
Aussage	Die Linkspartei will die DDR zurück, verabschiedet sich von Demokratie und Marktwirtschaft
Intention	Aufmerksam machen auf die (angeblichen) Absichten der Partei Die Linke; Die Linke als reaktionär und gefährlich zu brandmarken; Wähler zur Unterstützung dezidiert anti-sozialistischer Parteien (CSU, CDU, FDP) auffordern.

6.3 Die Rolle der Lehrkraft bei der Karikaturenarbeit

Zunächst einmal bedeutet Karikaturarbeit für die Lehrkraft die große Chance, sich selbst einmal zurückzunehmen. Graphische Kommentare müssen decodiert werden, sie verlangen nach aktiver Rezeption: Nicht der Lehrer muss die Lernenden auffordern nachzudenken, die Schüler fühlen sich durch den visuellen Input herausgefordert, stellen – still für sich oder im Plenum – Fragen, suchen Antworten auf das „Rätsel". Diese Schüleraktivierung führt einerseits zu einer hohen Beteiligung und andererseits zu einem weitgehend selbstgesteuerten Lernen: Die Schüler erarbeiten sich die Fakten selber, die sie benötigen, um *ihre* Fragen zu beantworten.[18]

Verschiedene Studien haben immer wieder gezeigt, welch hervorragende Lernergebnisse gerade durch ein hohes Maß an Freiraum und Schülerselbsttätigkeit erzielt werden können.[19] Andererseits werfen Bernhardt sowie Wolfrum und Sauer zu Recht die Frage auf, inwieweit eine offene, eigenständige Bildbearbeitung überhaupt mit dem Leitziel kritischer Reflexion zu verbinden ist.[20] Trotz aller vor allem aus der Allgemeindidaktik herrührenden Forderungen nach einem Mehr an „offenem Unterricht": Impulse, Hinweise, kritisches Nachfragen und Nachhaken der Lehrkraft sind m.E. für eine wirklich tiefgründige, ideologiekritische Auseinandersetzung mit Bildmaterial im Allgemeinen und Karikaturen im Besonderen schlechthin unerlässlich.

Selbstverständlich sollte sich das Eingreifen der Lehrkraft dabei auf ein Minimum beschränken. So eignen sich etwa viele Karikaturen für einen stummen Impuls im Rahmen des Stundeneinstiegs. Je nach Schwierigkeitsgrad der Karikatur kann aber schon in der Beschreibungsphase eine behutsame Intervention vonnöten sein, indem die Schüler auf wichtige, bislang unbeachtet gebliebene Details hingewiesen werden, der Lehrende fehlende Informationen bereitstellt oder einfach zu genauerem Hinsehen auffordert. In der Beschreibungs- wie auch in der Analysephase gilt es dabei, den Schülern Zeit zu lassen und auch längere Stillephasen auszuhalten. Nur wenn das Unterrichtsgespräch wirklich ins Stocken gerät, sollte die Lehrkraft mit weiteren Hinweisen, Strukturierungs- oder Entscheidungshilfen eingreifen, um weitere und tiefere Denkprozesse anzustoßen.

Fragen, die sich die Lehrkraft bei der Auswahl einer Karikatur stellen sollte

- Was genau will ich mit der vorliegenden Karikatur erreichen?
- Ist diese Karikatur das am besten geeignete Medium, um meine Unterrichtsziele zu verwirklichen?
- Besteht bei der Arbeit mit der gewählten Karikatur eine angemessene Relation von Zeitaufwand und didaktischem Ertrag?
- An welcher Stelle der Unterrichtssequenz setzte ich die ausgewählte Karikatur mit dem größtmöglichen Gewinn ein?
- Über welche methodischen und inhaltlichen Voraussetzungen müssen die Schüler verfügen, um die Karikatur sachadäquat deuten zu können?
- Besteht die Gefahr von Fehlperzeptionen? Wie könnte ich darauf reagieren?
- Bin *ich* in der Lage, die Karikatur adäquat zu interpretieren?
- Weiß ich um die genauen Umstände der Entstehung der Karikatur?
- Kenne ich ihre ursprüngliche Funktion?
- Sollte das Ergebnis der Karikaturanalyse an der Tafel gesichert werden? Wie?
- Welche problemorientierten Fragen könnten das Ergebnis der Karikaturarbeit sein? Wie beabsichtige ich, mit diesen weiter zu arbeiten?[21]

Frühzeitiger und energischer eingreifen muss der Lehrer u.U., wenn die Interpretation zu sehr in die falsche Richtung läuft. Allerdings sollte man nun nicht „die" richtige Interpretation verkünden, sondern stattdessen die Schüler durch einen knappen Impuls dazu ermuntern, die Zeichnung noch mal aus einem ganz anderen Blickwinkel zu betrachten. Zur Rolle der Lehrkraft gehört aber auch, zumindest im abschließenden auswertenden Gespräch, falsche Deutungen und Schlussfolgerungen deutlich als solche kenntlich zu machen und den Schülern eine angemessene Rückmeldung hinsichtlich ihrer eigenen Interpretation zu geben. Ferner ist häufig die Sicherung wichtiger Aspekte der Quelleninterpretation an der Tafel zu empfehlen. Wurde eine Karikatur in Einzel-, Partner- oder Gruppenarbeit erarbeitet,[22] so muss sich notwendig ein Unterrichtsgespräch anschließen, welches die Triftigkeit der Karikaturanalyse überprüft, die Ergebnisse sichert und eventuell neue Fragen anstößt.

Sicherlich muss man nicht alle diese Fragen positiv bzw. mit ja beantworten können; wenn jedoch nur einige Punkte der Checkliste guten Gewissens abgehakt werden können, ist Vorsicht geboten. Vielleicht sollte man sich in diesem Fall besser von der gewählten Karikatur verabschieden und nach einem Medium schauen, das der intendierten Funktion eher entgegen kommt.

6.3.1 Darbietung und Weiterarbeit: OHP, Arbeitsblatt, Tafel

Was schließlich die technische Darbietung der ausgewählten Karikatur anbetrifft, weist die Projektion über Overheadprojektor oder Beamer gegenüber der reinen Papierkopie eine Reihe von Vorzügen auf – insbesondere dann, wenn ein gemeinsames Besprechen der Zeichnung beabsichtigt ist. Die Projektion

- macht die Karikatur größer und damit eingängiger
- konzentriert die Aufmerksamkeit
- wird von den Schülern als methodische Abwechslung empfunden
- ermöglicht den Einsatz des Mediums als „stillen Impuls“
- bietet die Möglichkeit, die Karikatur gemeinsam zu annotieren, mit Pfeilen und Erläuterungen zu beschriften, bestimmte Symbole durch Einkreisung hervorzuheben
- bietet die Möglichkeit, bestimmte Partien der Karikatur (Bildunterschrift, Entstehungsdatum) zunächst abzudecken

Als sinnvoll hat es sich ferner erwiesen, die Zeichnung nach der Erstbegegnung über Folie oder Beamer zusätzlich als Papierkopie auszuteilen. So können die Lernenden die bereits im Plenum vollzogene Analyse- und Interpretationsleistung nochmals eigenständig nachvollziehen bzw. vervollständigen sowie die Karikatur zu einem späteren Zeitpunkt nochmals betrachten, etwa im Zuge der Klausurvorbereitung.

Mögliche Vorgehensweise bei der Nutzung von OHP, Tafel und Arbeitsblatt

1. Präsentation der Folie (als stummer Impuls?)
2. Spontanreaktionen, Beschreibung der Einzelelemente
3. Erarbeitung des Bildaufbaus, Benennung zeichnerischer Mittel (Austeilen von Kopien der Karikatur sowie gegebenenfalls eines Analyserasters)
4. „Übersetzung" einzelner Symbole (Einsatz der Wandtafel?) Erster Versuch einer immanenten Interpretation (Tafelbild)
5. a) Erster Versuch einer Einordnung in den historischen Kontext auf der Grundlage der vorher erarbeiteten Kenntnisse oder
   b) Formulierung von Fragen, die im Verlauf des Unterrichts geklärt werden sollen (Tafelbild)
6. Erweiterung der Interpretationsgrundlage durch unterstützende Quellen (Buch, Arbeitsblatt)
7. Präzisierung der gewonnen Erkenntnisse und abschließende Besprechung des historischen Phänomens

6.4 Tücken und Fallstricke der Karikaturarbeit

Der Umgang mit Karikaturen bringt erhebliche Herausforderungen mit sich, die in Praxis und Theorie mitunter unterschätzt werden.[23] Nicht nur erfordert die Arbeit mit kritischer Graphik ein hohes Maß an Abstraktionsfähigkeit und erhebliches Vorwissen unterschiedlichster Art (historische Zusammenhänge, Erkennen von Symbolen und Metaphern, Erkennen von Bildzitaten). Ebenso muss der Vorwurf ernst genommen werden, dass Karikaturen komplexe Sachverhalte in unzulässiger Weise vereinfachen und dem historischen Gegenstand somit letztendlich nicht gerecht werden. Äußerst bedenkenswert ist schließlich auch Marienfelds Hinweis, dass Karikaturen „oft engagierte, auf bestimmten und nicht notwendigerweise allgemeingültigen Wertesystemen beruhende, unter Umständen sehr parteiliche Stellungnahmen" sind, die Mythen und Feindbilder ebenso entlarven wie aufbauen können.[24]

Eine echte Gefahr stellt dies jedoch nur auf den ersten Blick dar, denn die der kritischen Graphik innewohnende Tendenz zur polemischen Überspitzung fordert ihrerseits zwangsläufig zur Gegenstellungnahme heraus.[25] Somit ist die Gefahr einer Manipulation eher geringer als bei anderen Medien. Und schließlich: „Dass die Karikatur zur Manipulation genutzt werden kann, macht die Beschäftigung mit ihr in der Schule nur noch dringlicher."[26]

Bleibt zu bedenken, dass Karikaturen sich erst in höheren Klassenstufen Erfolg versprechend einsetzen lassen. Eine gewisse Vorsicht ist aufgrund der Schulzeitverkürzung (G 8) beim Umgang mit Karikaturen aus dem 19. Jahrhundert und teilweise auch dem 20. Jahrhundert in der gymnasialen Mittelstufe geboten. So muss davon ausgegangen werden, dass zumindest einigen Schülern im 8. Schuljahr die entwicklungspsychologischen Voraussetzungen für eine erfolgreiche Arbeit zumal mit anspruchsvolleren Karikaturen (etwa zur Französischen Revolution) fehlen.[27] Hier zeigen sich auch die Grenzen von Karikaturarbeit auf: Sind zu viele Erklärungen erforderlich, würde dies zu weit vom eigentlichen Thema der Stunde wegführen. In einem solchen Falle sollte die Vermittlung des Sachverhaltes bzw. der intendierte Denkanstoß besser durch ein anderes Medium erfolgen.

Typische Fehler im Umgang mit kritischer Graphik

- Überspringen der Beschreibungsphase
- wichtige zeichnerische Elemente (z.B. Mimik, Gestik) bleiben unerwähnt
- die einzelnen Interpretationsschritte verwischen stark
- zu frühes Vorgeben der „richtigen“ Interpretation
- ausufernde „wilde“ Spekulation
- Entstehenszeitpunkt und historischer Kontext werden nicht thematisiert bzw. nicht problematisiert
- Übergänge zur jeweils nächsten Phase wurden von der Lehrkraft nicht vorgeplant (durch Impulse und Fragen)
- Ironie (vor allem im Textteil der Karikatur) wird nicht erkannt
- die Kernaussage der Karikatur wird von den Schülern nicht explizit formuliert/nicht von allen verstanden
- die kritische Deutung und Bewertung der Aussage der Karikatur im historischen Kontext unterbleibt

6.4.1 Unterstützung im Umgang mit komplexen Karikaturen: Formulierungshilfen und Steckbrief

Selbst im gegliederten Schulsystem, von Gesamtschulklassen einmal ganz abgesehen, haben wir es heute mit sehr heterogenen Lerngruppen zu tun.[28] Gerade im Hinblick auf eine so anspruchsvolle Gattung wie die Karikatur gilt es daher zu überlegen, inwieweit bestimmten Schülern im Rahmen einer Binnendifferenzierung Einhilfen gegeben werden sollten.[29] So müssen unter Umständen die in den untersuchten Zeichnungen dargestellten historischen Personen identifiziert und bestimmte Symbole, Worte oder Zusammenhänge erläutert werden.[30] Dies muss nicht unbedingt direkt durch die Lehrkraft erfolgen, sondern kann etwa durch das Verteilen von Einzelinformationen auf Kärtchen im Klassenraum geschehen.[31] Darüber hinaus haben sich das Anbieten von Formulierungshilfen sowie Strukturierungshilfen in Form eines „Karikatursteckbriefes“ für in der Arbeit mit Karikaturen eher unerfahrene Schüler als sinnvoll erwiesen.

Formulierungshilfen für die Karikaturanalyse

Formale Merkmale	Beschreibung
Die Karikatur trägt den Titel ... Gezeichnet wurde sie von ... und ist am ... in ... veröffentlicht worden. Die Karikatur setzt sich mit der Frage/dem Thema ... auseinander.	Die Zeichnung lässt sich in ... einteilen. Im Hintergrund/Im Zentrum ... Zunächst sticht ... ins Auge. Die Karikatur zeigt ... X trägt ... und weist einen ... Gesichtsausdruck auf. Er steht ... und blickt in Richtung ... Die Bildunterschrift lautet ...
Historischer Kontext und Analyse	**Interpretation und Wertung**
Die Karikatur, die im Jahre ... entstand, steht vermutlich im Zusammenhang mit ... Es handelt sich bei der Karikatur um eine Anspielung/kritische Sichtweise/ironische Darstellung auf/der ... (historisches Ereignis, Entwicklung) Der Karikaturist nutzt dunkle Farben, um ... X ist ein Symbol für ..., Y steht für ... Der Zeichner kritisiert, dass ... Aus der Sicht des Zeichners ...	Die Intention des Karikaturisten ist es, den Betrachter auf ... hinzuweisen/ihm die Augen hinsichtlich ... zu öffnen/ihn zum Widerstand gegen ... aufzufordern. Die Sichtweise des Karikaturisten ist überspitzt/so nicht haltbar/verständlich, da ... (Auf die historische Realität verweisen und diese mit der Karikaturaussage vergleichen!) Bei der Karikatur handelt es sich um eine Verdrehung der Tatsachen/Propaganda. (Erläutern!) Meiner Meinung nach ist die Darstellung ... richtig/überzogen/angemessen, da ... Aus heutiger Sicht ... Um die Karikatur abschließend beurteilen zu können, benötigt man genauere Informationen zu ...

Interpretationsraster in Form eines „Karikatursteckbriefes“[32]

Titel Erscheinungsdatum Zeichner Ort der Veröffentlichung	
Thema	
Beschreibung	
Gestaltungsmittel	
Historischer Kontext	
Aussage	
Intention	
Bewertung	

6.4.2 Tafelbild und Karikatur

Eine gute Möglichkeit, die Analyse einer Karikatur für alle Schüler transparent zu machen, ist das gemeinsame Festhalten wichtiger Ergebnisse in Form eines Tafelbildes. So wie die Visualität der Karikatur das Erinnern des behandelten „Stoffes“ fördert, so erleichtert die schematische Darstellung komplexer Sachverhalte – z.B. in Form eines Tafelanschriebes – das Denken in Strukturen. Wichtig ist hierbei, dass die Schüler in die Entwicklung des Tafelbildes einbezogen werden, etwa indem ihre Formulierungen übernommen werden oder sie selbständig eine Überschrift finden müssen. Wie Bildinhalte und -aussagen, Meinung und Realität miteinander in Beziehung gesetzt und graphisch Beziehungen, Gegensätze und Interdependenzen aufgezeigt werden können, soll im Folgenden beispielhaft anhand der Zeichnung „One world or two worlds?“ verdeutlicht werden.

ONE WORLD OR TWO WORLDS?

Abb. 40: D. R. Fitzpatrick, One world or two worlds?, 12.3.1946
Mögliches Tafelbild zur Karikatur „One world or two worlds?“

(D.R. Fitzpatrick, As I saw it, New York 1953, S. 119)

Möglicher Tafelanschrieb

Die Welt zerfällt in zwei Teile		
Westen		Osten
USA		Sowjetunion
Bündnispartner		
		Satellitenstaaten
	ATOMBOMBE	
Großbritannien		Polen
Frankreich		Ungarn
Niederlande	Gefahr eines	Tschechoslowakei
Belgien	Nuklearkrieges	Rumänien
Luxemburg		Bulgarien
		(Jugoslawien)
	nuklearer	
NATO	Holocaust	Warschauer Pakt
(Bundesrepublik)		(DDR)
		(China)

Anmerkungen

1 Wolfrum, Birte; Sauer, Michael, Zum Bildverständnis von Schülern. Ergebnisse einer empirischen Studie, in: GWU 58 (2007), H. 7/8, S. 400-416.

2 Ebd., S. 409 f.

3 Bernhardt, Markus, Vom ersten auf den zweiten Blick. Zur Wahrnehmung von Bildern im Geschichtsunterricht, in: GWU 58 (2007), H. 7/8, S. 422.

4 Vgl. ebd., S. 424.

5 Panofsky, Erwin, Ikonographie und Ikonologie. Eine Einführung in die Kunst der Renaissance, in: ders. (Hrsg.): Sinn und Deutung in der bildenden Kunst, Köln 1978, S.36-67.

6 Krüger, Herbert, Geschichte in Karikaturen, Stuttgart 1981, S. 17 f.

7 Bernhardt, Markus, Verführung durch Anschaulichkeit. Chancen und Risiken bei der Arbeit mit Bildern zur mittelalterlichen Geschichte, in: ders. (Hrsg.), Bilder – Wahrnehmungen – Konstruktionen. Reflexionen über Geschichte und historisches Lernen, Schwalbach/Ts. 2006, S. 48.

8 Pandel, Hans-Jürgen, Bildinterpretation, in: Mayer, Ulrich; ders.; Schneider, Gerhard (Hrsg.), Handbuch Methoden im Geschichtsunterricht, Schwalbach/Ts. [2]2007, S. 173.

9 Ebd., S. 120.

10 Bernhardt, Markus, Verführung durch Anschaulichkeit. Chancen und Risiken bei der Arbeit mit Bildern zur mittelalterlichen Geschichte, in: ders. (Hrsg.), Bilder – Wahrnehmungen – Konstruktionen. Reflexionen über Geschichte und historisches Lernen, Schwalbach/Ts. 2006, S. 52 ff.

11 Krüger, Herbert, Geschichte in Karikaturen, Stuttgart 1981, S. 17 f.

12 Pandel, Hans-Jürgen, Bildinterpretation. Die Bildquelle im Geschichtsunterricht, Schwalbach/Ts. 2008, S. 120.

13 Ebd., S. 119 ff.

14 Uppendahl, Herbert, Die Karikatur im historisch-politischen Unterricht. Eine Einführung mit Unterrichtsbeispielen, Freiburg 1978, S. 22.

15 Bergmann, Klaus, „… so ist das Bild immer notwendig ein beschränktes" – historisches Denken durch Bilder, in: Schneider, Gerhard (Hrsg.), Die visuelle Dimension des Historischen. Hans-Jürgen Pandel zum 60. Geburtstag, Schwalbach/Ts. 2002, S. 16.

16 Vgl. die empfehlenswerte Webseite http://www.uni-konstanz.de/FuF/Philo/Geschichte/Tutorium/Themenkomplexe/Quellen/Quellenarten/Karikatur/karikatur.html.

17 Verschiedene Autoren verweisen dabei auf die Schwierigkeit, die einzelnen Stufen der Analyse scharf voneinander zu trennen. Vgl. Buntz, Herwig; Erdmann, Elisabeth, Fenster zur Vergangenheit. Bilder im Geschichtsunterricht, Bd. 1, Bamberg [2]2007, S. 11.

18 Bergmann, Klaus, Chance Geschichtsunterricht, Schwalbach/Ts. 2005, S. 28.

19 Vgl. u.a. Deci, E.L., Die Selbstbestimmungstheorie der Motivation und ihre Bedeutung für die Pädagogik, in: Zeitschrift für Pädagogik, 39 (1993), S. 223-238.

20 Bernhardt, Markus, Vom ersten auf den zweiten Blick. Zur Wahrnehmung von Bildern im Geschichtsunterricht, in: GWU 58 (2007), H. 7/8, S. 419; Wolf-

rum, Birte; Sauer, Michael, Zum Bildverständnis von Schülern. Ergebnisse einer empirischen Studie, in: GWU 58 (2007), H. 7/8, S. 416.

21 Vgl. den Unterrichtsvorschlag von Bühl-Gramer, Charlotte, Ein seltsames Hochzeitspaar, Rotkäppchen und gierige Schlangen. Der Hitler-Stalin-Pakt als Motiv für Karikaturisten, in: Praxis Geschichte 1/2004, S. 28-31 sowie Adamski, Peter, Gruppen- und Partnerarbeit im Geschichtsunterricht. Historisches Lernen kooperativ, Schwalbach/Ts. 2010, S. 65-69.

22 Vgl. Uppendahl, Herbert, Die Karikatur im historisch-politischen Unterricht. Eine Einführung mit Unterrichtsbeispielen, Freiburg 1978, S. 15.

23 U.a. auch von Pandel. Vgl. Pandel, Hans-Jürgen, Karikaturen. Gezeichnete Kommentare und visuelle Leitartikel, in: ders.; Schneider, Gerhard (Hrsg.), Handbuch Medien im Geschichtsunterricht, Schwalbach/Ts. 2004, S. 255 ff.

24 Marienfeld, Wolfgang, Politische Karikaturen in: Geschichte lernen, 18/1990, S. 19.

25 Krüger, Werner, Die Karikatur als Medium in der politischen Bildung, Opladen 1969, S. 24.

26 Marienfeld, Wolfgang, Politische Karikaturen in: Geschichte lernen, 18/1990, S. 20.

27 Faust hält dagegen schon einen Einsatz ab der 7. Klasse für möglich. Faust, Manfred, Politische Karikaturen im Geschichtsunterricht der Sekundarstufe I, in: GWU 31 (1980), H. 12, S. 742.

28 Die individuellen Lernstände liegen, gerade im Fach Geschichte, um mehrere Lernjahre auseinander. Borries, Bodo von, Historisch Denken Lernen – Welterschließung statt Epochenüberblick, Opladen 2008, S. 253.

29 Bernhardt stellt fest, „dass das, was die geschichtsdidaktische Forschung zur Bildinterpretation erarbeitete hat, auf Voraussetzungen fußt, welche viele Schüler nicht besitzen." Ohne Schwächeren gezielt Interpretationshilfen an die Hand zu geben, wird diese Gruppe kaum über ein oberflächliches Verständnis der Karikatur hinauskommen. Bernhardt, Markus, Vom ersten auf den zweiten Blick. Zur Wahrnehmung von Bildern im Geschichtsunterricht, in: GWU 58 (2007), H. 7/8, S. 432.

30 Vgl. den Unterrichtsvorschlag: Schnakenberg, Ulrich; Weickardt, Jan, „Abführung der Republik". Der Untergang Weimars in der Karikatur, in: Geschichte lernen 127 (2009), S. 21-27.

31 Vgl. den Unterrichtsvorschlag von Fieberg, Klaus, Der Deutsche Michel. Realität und Wunschbild im Spiegel zweier Karikaturen, in: Praxis Geschichte 3/2006, S. 12-15.

32 Eigene Entwicklung, z.T. angelehnt an Werner, Johannes, Die Karikatur im historisch-politischen Unterricht, o.O., o.J.

7. Unterrichtspraktische Beispiele zur Einsatzmöglichkeit von Karikaturen

Karikaturen können im Geschichtsunterricht in Einstiegs- und Wiederholungsphasen Verwendung finden, sie können Fragen aufwerfen, welche den Verlauf einer Einzelstunde strukturieren oder als Klammer für eine ganze Sequenz dienen, sie können die Schüler zur Urteilsbildung anregen oder in Arbeiten und Klausuren zur Leistungsmessung eingesetzt werden.

Ähnlich variantenreich wie der didaktische Einsatzort sind auch Form und Methode der Karikaturarbeit: Neben der Einzelkarikatur kann mit Doppelbildern oder kontrastiven Parallelkarikaturen gearbeitet werden, können Karikaturen beschnitten, ohne Titel, ohne Angaben zu Verfasser, Veröffentlichungsort und -zeit präsentiert oder sogar manipuliert werden (z.B. durch eine falsche Bildunterschrift, Umzeichnen, Einfügen von Sprechblasen). Auch Stationenlernen, Computerarbeit[1], die Erstellung eines Portfolios oder eines Memory-Spieles[2] lassen sich gewinnbringend mit Karikaturarbeit kombinieren. Dass bei der Karikaturarbeit darauf geachtet werden sollte, dass nicht die „kreativen und innovativen Methoden“[3] sondern immer das historische Lernen im Mittelpunkt steht, ist eigentlich eine Banalität. Wie bei allen methodischen Arrangements sollte immer auf die funktionale Passung der Ziel-, Inhalts- und Methodenentscheidungen geachtet werden. Im folgenden, abschließenden Kapitel soll anhand einer Reihe ausgewählter Beispiele aufgezeigt werden, wie kritische Graphik gleichzeitig kreativ, variantenreich und lernzielorientiert eingesetzt werden kann.

7.1 Karikaturen als Einstiegsmaterial: Die „Entdeckung“ Amerikas

Alle bislang vorgestellten Karikaturen beleuchten historische Ereignisse und Prozesse vornehmlich der Neueren und Neuesten Geschichte. Wie das folgende Beispiel zeigen soll, können – in einigen seltenen Fällen – auch zeitlich weiter zurückliegende Begebenheiten mithilfe des Mediums Karikatur eingeführt und so in den Fragehorizont der Schüler gerückt werden.

Der Belgier Goderis Ludo warf 1992 anlässlich des 500. Jahrestages der „Entdeckung“ Amerikas durch Kolumbus einen Blick zurück auf die erste Begegnung zwischen Weißen und Indianern. Er verknüpfte dies mit dem Mythos vom Trojanischen Pferd sowie mit dem US-amerikanischen Symbol der Freiheit, der Statue of Liberty. Die gemeinsame Betrachtung (als stummer Impuls) und anschließende Beschreibung der zeitgenössischen Karikatur im Rahmen einer Einstiegsstunde in das Thema „Entdeckungsreisen" bzw. „Die Eroberung Amerikas" löst bei den Schüler aller Erfahrung nach zunächst Nachdenken sowie anschließend eine Reihe von Fragen aus: „Was bedeutet die große, hell erleuchtete Figur?" „Über was diskutieren die Indianer?" „Welches Thema behandelt die Karikatur?"

Diese Fragen müssten im Folgenden Schritt für Schritt beantwortet werden, wobei ein Tafelanschrieb den Unterrichtsfortgang bewusst verlangsamt – und so allen Schülern mehr Zeit zum Nachdenken gibt – und gleichzeitig die wichtigsten zeichnerischen Details sowie ihre Interpretation festhält.

Möglicher Tafelanschrieb

Detail	Interpretation
Schiffe	Schiffe der europäischen Entdecker des amerikanischen Kontinents
Hölzerne Figur mit Fackel	Verweis auf den Mythos vom Trojanischen Pferd, gleichzeitig Anspielung auf das amerikanischen Symbol der Freiheit, der Statue of Liberty in New York
Geöffnete Klappe	Verweis auf die Gefahr, die den nichts ahnenden Indianern aus dem „Geschenk der Freiheit" droht
Helligkeit	Symbol der positiven Verheißung
Diskutierende Indianer	Frage des Umgangs mit den Europäern: Bekämpfen? Willkommen heißen?

Deutlich wird, dass sich die Karikatur nicht für einen schnellen Einstiegsimpuls eignet, sondern nur nach und nach in ihrer gesamten Bedeutung entschlüsselt werden kann. Hier ist es unbedingt geboten, langsam vorzugehen, damit die gesamte Lerngruppe die gedankliche Verbindung von der antiken Sage zur europäischen Entdeckung Amerikas ziehen und die Botschaft des Zeichners – „die Indianer sind, wie die Trojaner, dem Untergang geweiht, da sie die bösen Absichten der Entdecker nicht durchschaut haben" – erkennen kann. Schließlich sollte die Aussage der Karikatur in pointierter Form als Überschrift formuliert werden, z.B. „Die Entdeckung Amerikas – Der Anfang vom Ende der Indianer?", welche die weitere Untersuchung in den folgenden Stunden strukturieren könnte. Zum Ende der Reihe erscheint es sinnvoll, das Einstiegsmaterial nochmals auf Folie zu präsentieren und das 1992 formulierte, bittere Urteil des Zeichners vor dem Hintergrund neu hinzugewonnen Wissens abschließend zu erörtern. Hierbei sollte auch deutlich werden, dass die

Zeichnung keine Quelle für die Zeit (1492), sondern eine Quelle für die *Sichtweise* der 500 Jahre zurückliegenden Ereignisse *durch Menschen heute* darstellt. An dieser Stelle böte sich mit der Diskussion der Fragen „Seit wann sieht man die Entdeckung Amerikas (so) kritisch?“ oder „Sehen heute alle Menschen in der Entdeckung Amerikas den ‚Anfang vom Ende der Indianer‘?“ zudem eine erneute Problematisierung an.

Abb. 41: Goderis Ludo, ohne Titel, Belgien, 1992?

(Joe Szabo (Hrsg.), Top Selection: The Finest International Political Cartoons of Our Time (1992), vol. 2, North Wales, 1993, S. 60)

7.2 Gegenwartsbezug: Neue Unübersichtlichkeit nach dem Ende des Kalten Krieges

„Historische Inhalte ohne Gegenwartsbezug sind für die Schülerinnen und Schüler irrelevant und nicht vermittelbar“,[4] zitierte Ditmar von Reeken in einer jüngeren Publikation einen Geschichtslehrer. Wer heute Geschichte – egal an welcher Schulform – unterrichtet, kann diese Aussage nur unterschreiben. Manche Kollegen mögen bedauern, dass die antiquarische Betrachtung der Historie bei der heutigen Schülergeneration kaum noch auf Interesse stößt. Aber welchen Wert hat Geschichte für die Lernenden, wenn sich ihnen die Bedeutung der Vergangenheit für das Hier und Jetzt nicht erschließt? Um den Schülern deutlich zu machen, dass ihr Leben, ihre Zukunft gestaltbar ist, dass bestimmte Fehler der Vergangenheit von uns womöglich verhindert werden können bzw. verhindert werden müssen, ist die Herstellung von Gegenwartsbezügen m.E. unverzichtbar.

In dem gewählten Beispiel geht es um eine Karikatur, die im Verlauf einer Unterrichtsreihe zum Kalten Krieg eingesetzt werden kann. Da die Zeichnung indirekt auch die Frage aufwirft, ob die Ära des Ost-West-Konfliktes angesichts der gegenwärtigen Unübersichtlichkeit der Welt – Proliferation von Massenvernichtungswaffen, terroristische Anschläge, Zunahme asymmetrischer Konflikte, allgemeine Ungewissheit – vielleicht „eine gar nicht so schlechte Zeit" gewesen ist, wird sie eher zum Ende einer solchen Reihe Verwendung finden. Andrew Wahls Karikatur ist in vier Einzelbilder unterteilt, welche jeweils unterschiedliche zeitliche Ebenen beschreiben, und eignet sich daher besonders gut zur Förderung narrativer Kompetenzen. Die Verknüpfung von Vergangenheit (Kalter Krieg und Ende des Ost-West-Konflikts) mit der Gegenwart („Kampf der Kulturen"? Christliche und muslimische Fundamentalisten gewinnen an Einfluss?) und der Zukunft („die Angst vor dem, was die Zukunft bringen wird") verdeutlicht den Zusammenhang zwischen den unterschiedlichen Zeitebenen und zwingt die Schüler, in ihren schriftlichen oder mündlichen „Erzählungen" Verbindungen zwischen früher und heute zu ziehen.

Abb. 42: Andrew Wahl, I Woke Up in a Crusade ..., The Wenatchee World (USA), 16.8.2005

Wahls Zeichnung thematisiert unterschiedliche Epochen und stellt einen Bezug zwischen Vergangenheit, Gegenwart und Zukunft her. Die Karikatur fördert so neben Narrativität auch die Herausbildung von temporalem Bewusstsein – eine weitere zentrale Kategorie kritischen Geschichtsbewusstseins.

(http://offthewahl.com/editorialcartoons/2005/0530.htm)

7.3 Multiperspektivität und Empathie: Zwei Bewertungen des Versailler Vertrags

Empathie für das Handeln, Leiden und Empfinden anderer (zu anderen Zeiten) zu fördern, ist ein wichtiges Anliegen des Geschichtsunterrichts. Wie dieses Unterfangen mit Multiperspektivität gekoppelt werden kann, soll im Folgenden anhand zweier Karikaturen zum Versailler Vertrag gezeigt werden.

Gegenübergestellt, werfen die Karikaturen, die den Versailler Vertrag einmal aus einem deutschen Blickwinkel (Abb. 43) und einmal aus britischer Perspektive (Abb. 44) betrachten, zentrale Fragen hinsichtlich der Kriegsschuldfrage sowie der Bewertung des Versailler Vertrags auf: „Was war der Vertrag denn nun? Eine Hinrichtung? Oder eine gerechte Bestrafung Deutschlands?" Das unterschiedliche Urteil der Karikaturisten könnte dann in eine problemorientierte Überschrift wie z.B. „Der Versailler Vertrag – Rezept für einen neuen Krieg oder gerechte Bestrafung des Kriegsschuldigen?" münden, welche den Untersuchungsgang in den folgenden Stunden leitet. Zum Ende der Unterrichtsfrequenz würde man die Karikaturen dann erneut heranziehen und abschließend erörtern, welcher Sicht des Friedensvertrages denn nun eher – aus welchen Gründen – zuzustimmen ist.[5] Hierbei sollte die Lehrkraft zum einen darauf Wert legen, dass die Lernenden zwischen einer Bewertung der Karikaturen aus damaliger Sicht und einer Bewertung aus heutiger Sicht unterscheiden. Zum anderen ist darauf zu achten, dass keine der konträren Aussagen pauschal abgewertet und stattdessen Empathie gefördert wird – sowohl Heines als auch Partridges Perspektive hat aus Sicht der Zeitgenossen wie aus heutiger Sicht ihre Berechtigung.

Möglicher Tafelanschrieb

Rezept für einen neuen Krieg oder gerechte Bestrafung des Kriegsschuldigen? – Der Versailler Vertrag aus Sicht zweier Karikaturisten

Simplicissimus 1919	Punch 1919
Deutschland wird von den Alliierten zur Schlachtbank geführt. Der Versailler Vertrag bedeutet den Untergang Deutschlands.	Gemessen an dem, was Deutschland als Sieger des 1. Weltkrieges von den Alliierten gefordert hätte, waren die Bestimmungen des Versailler Vertrags relativ milde.

Abb. 43: Thomas Theodor Heine, Versailles. „Auch Sie haben noch ein Selbstbestimmungsrecht: wünschen Sie, das Ihnen die Taschen vor oder nach dem Tode geleert werden?“, Simplicissimus 3.6.1919

Multiperspektivität durch zwei „kontrastive Parallelkarikaturen“: Indem die Lehrkraft zu Beginn einer Frequenz zum Versailler Friedensvertrag der Karikatur Heines die Zeichnung Partridges (Abb. 44) gegenüberstellt, ergeben sich zwangsläufig – von den Schülern selbst formulierte (!) – Fragen zur Kriegsschuldfrage sowie zur Bewertung des Versailler Vertrags. Das sich widersprechende Urteil der Karikaturisten könnte dann in eine problemorientierte Überschrift wie z. B. „Der Versailler Vertrag – Rezept für einen neuen Krieg oder gerechte Bestrafung des Kriegsschuldigen?“ münden, welche den Untersuchungsgang in den folgenden Stunden leitet. Zum Ende der Unterrichtsfrequenz sollten die Karikaturen dann zur abschließenden Urteilsbildung erneut herangezogen werden.

THE RECKONING.
GERMAN: 'MONSTROUS, I CALL IT. WHY, IT'S FULLY A QUARTER OF WHAT *WE* WOULD HAVE MADE *THEM* PAY, IF *WE'D* WON.'

Abb. 44: Bernard Partridge, The Reckoning (Die Rechnung), Punch, 2.4.1919

Alldeutscher: „Unglaublich! Eine Frechheit! Das ist ein ganzes Viertel dessen, was wir ihnen abgeknöpft hätten, wenn *wir* gewonnen hätten!"

(Sammlung des Autors)

7.4 Urteilen: Wer ist der größte Verbrecher der Geschichte?

Mit der Abkehr von der traditionellen Stoffhuberei im „alten" Geschichtsunterricht rückt die Förderung von Urteilskompetenz zu Recht immer mehr in den Mittelpunkt der fachdidaktischen Diskussion.[6] Gleichzeitig wird seit längerer Zeit immer wieder moniert, es bestehe ein Mangel an fachdidaktischen Beiträgen dazu, wie historische Urteilsbildung und die Herausbildung von Geschichtsbewusstsein als die zentrale Kategorie der Geschichtsdidaktik konkret im Unterricht gefördert werden kann.[7] Wie also kann man die Schüler dazu ermuntern, einzelne Quellen und ganze historische Epochen kritisch zu durchleuchten und eigenständig Sach- und Werturteile zu formulieren?

In der vorgestellten Zeichnung, die hier zum Abschluss einer Unterrichtsreihe zur Sowjetunion, zu China oder auch zum Nationalsozialismus eingesetzt wird,[8] geht es um eine Bewertung der blutrünstigsten Diktatoren des 20. Jahrhunderts: Mao, Stalin und Hitler. Die Karikatur erschien 1976 anlässlich des Todes des „Großen Steuermannes“ Mao Tse-tung und zeigt zwei trauernde chinesische Kommunisten vor einem Berg von Skeletten, aus dem das Schild „In Erinnerung an Mao“ herausragt. Der Mann rechts weint und tröstet sich mit den Worten: „Größer als Hitler! Größer als Stalin! Ein wahrhaft großer Mann!“

Die Drastik der Quelle fordert Schülerkommentare geradezu heraus, und die Lehrkraft sollte diesen Spontanreaktionen ausreichend Raum geben, bevor sie zur systematischen Beschreibung der Karikatur überleitet. Dann allerdings müsste der bittere Sarkasmus der Zeichnung deutlich herausgearbeitet werden, der durch den Kontrast zwischen der Erinnerungstafel und den Skeletten einerseits sowie zwischen der historischen „Größe“ einer Person und der Auflistung der größten Massenmörder der Menschheitsgeschichte andererseits evoziert wird. So wie es sich empfiehlt, diese fundamentalen Widersprüche an der Tafel festzuhalten, so sollten anschließend zur Strukturierung der Beurteilungsphase die von der Karikatur aufgeworfenen Fragen für alle Schüler sichtbar notiert werden:

Möglicher Tafelanschrieb

Fragen, die die Karikatur aufwirft

- War Mao ein „großer“ Herrscher?
- Was ist ein „großer“ Herrscher?
- Warum wird Mao mit Hitler und Stalin verglichen?
- Wer ist der größte Verbrecher der Geschichte – Hitler, Stalin, Mao?
- Liegt der Karikaturist mit seiner Einschätzung (Mao als größter Verbrecher der Geschichte) richtig?

Hat man die Volksrepublik China noch nicht im Unterricht behandelt, wäre anhand der Zeichnung auch eine vergleichende Beurteilung der Politik Stalins und Hitlers möglich – das allein ist schon ein anspruchsvolles Unterfangen. In jedem Fall müssten die Lernenden auf erworbene Kenntnisse zum Aufbau des Kommunismus in der Sowjetunion sowie zum Dritten Reich zurückgreifen und die in beiden totalitären Diktaturen begangenen Verbrechen unter verschiedenen Aspekten vergleichen. Hierbei wird es weniger darauf ankommen, am Ende zu einem einhelligen Ergebnis zu gelangen, etwa in der Weise, dass ein Ranking der größten Massenmörder der Geschichte erstellt wird oder gar die Verbrechen eines bestimmten Diktators klein geredet werden. Vielmehr wird von den Schülern eine auf solider Sachkenntnis fußende (diese ist weiterhin unerlässlich!), abwägende Argumentation erwartet, die auch die begründeten Urteile anderer berücksichtigt und mit in eigene Überlegungen einbezieht.

"Greater than Hitler! Greater than Stalin! A truly great man!"

Abb. 45: Tom Curtis, „Größer als Hitler! Größer als Stalin! Ein wahrhaft großer Mann!", Milwaukee Sentinel, 1976

Bereits im Jahr 1976 fällt Tom Curtis hier ein Urteil, dass von der späteren Forschung, vor allem nach dem Fall des Eisernen Vorhangs (vgl. etwa das *Schwarzbuch des Kommunismus*), im Großen und Ganzen bestätigt wurde. Schaut man allein auf die Opferzahlen, muss Mao heute in der Tat als der „größte Verbrecher" der Geschichte bezeichnet werden. Zur damaligen Zeit dürfte ein solcher Vergleich jedoch auch im Westen durchaus auf Widerspruch gestoßen sein (vgl. die Blütezeit der so genannten K-Gruppen wie dem Kommunistischen Bund Westdeutschlands in den 1970er Jahren).

(Charles Brooks (Hrsg.), Best Editorial Cartoons of the Year. 1977 edition, Gretna, La. 1977, S. 96)

7.5 Arbeit mit Nationalcharakteren: Die imperialistischen Mächte und die Aufteilung der Welt

Die Verwendung von Nationalcharakteren ist ein bei Karikaturisten besonders beliebtes Stilmittel. Dies macht es unumgänglich, dass die Schüler die wichtigsten Nationalallegorien und -stereotype kennen lernen. In dem vorliegenden Beispiel, welches in seiner Liebe zum Detail und seinen vielfältigen, gleichzeitigen Handlungsabläufen starke Ähnlichkeit mit der Quellengattung Geschichtscomic aufweist, porträtiert der Niederländer Johan Braakensiek anlässlich der ersten Haager Friedenskonferenz 1899 das Verhalten der wichtigsten Weltmächte zur Hochzeit des Imperialismus.

Abb. 46: Johan Braakensiek, Das Friedensmahl der konferierenden Mächte, Bijvoegsel van De Amsterdammer, 11.6.1899

(Institut für Zeitungsforschung Dortmund)

Die enorme Detailfülle macht es zwingend erforderlich, wesentliche Elemente der Karikatur schriftlich an der Tafel oder auf einem Arbeitsblatt festzuhalten, am besten in Form einer Tabelle. Durch das gemeinsame Ausfüllen der Tabelle – hier muss die Lehrkraft an einigen Stellen Hilfestellung geben – lernen die Schüler zum einen die wichtigsten Mächte der Jahrhundertwende sowie deren territorialen Interessen kennen. Die Verbindung von Wort und Bild, die Personifizierung wie die Visualisierung, tragen zum anderen dazu bei, dass sie ihr neu erworbenes Wissen später besser erinnern. Im Anschluss an das Ausfüllen der Tabelle sollten die Schüler eigenständig eine Überschrift für die Karikatur finden und so die Position Braakensieks, der hier die Scheinheiligkeit der großen „Friedensmächte“ illustriert, zusammenfassen und bewerten – schließlich handelt es sich bei der Zeichnung ungeachtet der zumeist sachlich korrekten Einzelaussagen nicht um eine deskriptive, sondern um eine pointiert gegen das Fieber des Imperialismus Stellung beziehende, kommentierende Karikatur.

Nationalcharaktere v. links n. rechts

Land	Herrscher/ Nationalcharakter	Erobertes bzw. begehrtes Territorium
Spanien	der spanische Infant	Karolinen
Deutsches Reich	Kaiser Wilhelm II	China, Karolinen
Österreich	Kaiser Joseph II.	Ungarn
Griechenland	Grieche	Kreta
Osmanisches Reich	Sultan Mehmed V. Reşad	Armenien
Großbritannien	John Bull	Transvaal
Russland	Nikolaus II., Initiator der Haager Friedenskonferenz	Finnland
Frankreich	Marianne	mit Sand und Palmen gefüllter Teller (Nordwestafrika)
Japan	Japaner	leerer Teller (Japan scheint hungrig)
Italien	Umberto	das äthiopische Königreich Abessinien
USA	Uncle Sam	Verschlingt hastig die ganze Weltkugel
Belgien	Leopold II.	entschwindet mit der Flasche „Kongo“ unter dem Arm

Interpretation

Bei der vorliegenden Karikatur handelt es sich um einen äußerst sarkastischen Kommentar zur ersten Haager Friedenskonferenz. Ursprünglich waren vom 18.5 bis zum 29.7.1899 Vertreter der wichtigsten Staaten in Den Haag zusammengekommen, um über Abrüstung und eine friedliche Regelung internationaler Konflikte zu beraten. Wie wenig ernst es den Staatsmännern mit der Schaffung von Frieden war, zeigt Braakensiek meisterhaft: Das Verhalten der versammelten Majestäten bzw. Nationalallegorien spricht ihren wiederholt geäußerten Friedensgelöbnissen Hohn. Statt über einen friedlichen Interessensausgleich zu verhandeln, „verschlingen" sie kürzlich eroberte Gebiete und/oder begehren weitere Territorien. (Dazu lassen sie sich vom niederländischen Außenminister Willem Hendrik de Beaufort guten Wein einschenken.) Ganz besonders unzivilisiert verhalten sich dabei der osmanische Sultan, der „Armenien" mit bleckenden Zähne förmlich zerfleischt (Anspielung auf die osmanischen Massaker an den christlichen Armeniern) sowie Uncle Sam, der sich anschickt, gleich den kompletten Erdball mit bloßen Händen zu zerpflücken und anschließend zu verspeisen (Anspielung auf den sich abzeichnenden raschen wirtschaftlichen und militärischen Aufstieg der USA).

7.6 Motivtraditionen: Europa und die deutsch-französischen Beziehungen seit 1871

Karikaturisten verwenden in ihren Arbeiten relativ häufig bekannte Bildikonen. Diese können aus den Bereichen der Kunst, der Fotografie oder auch aus dem Bereich der Karikatur selbst kommen. Die in diesen Bildzitaten enthaltenen intertextuellen Bezüge erschließen sich freilich nur, wenn der Betrachter über einen umfangreichen überlieferten Zeichen- und Bildvorrat verfügt, welcher naturgemäß bei Jugendlichen noch nicht sonderlich ausgeprägt ist. Aber selbst wenn die Schüler nicht über ein ähnlich umfangreiches Bildgedächtnis wie Erwachsene verfügen, bietet die Arbeit mit Motivtraditionen dennoch interessante didaktische Möglichkeiten, nicht zuletzt die fächerübergreifende Zusammenarbeit mit dem Fach Kunst.

Bei dem bekanntesten Karikaturzitat handelt es sich ohne Zweifel um Tenniels „Dropping the pilot" (dt. Der Lotse geht von Bord). Das Motiv des Lotsen oder Steuermannes, der ein (Staats)Schiff verlässt (oder gerade nicht verlässt) wurde in den letzten hundert Jahren insbesondere von deutschen und britischen Zeichnern in hunderten von Variationen immer wieder verwendet.[9] Karikaturisten greifen aber auch regelmäßig bekannte Gemälde wie z.B. Munchs „Schrei", Delacroix' „Die Freiheit führt das Volk" oder Leonardos „Mona Lisa" auf und adaptieren diese, um einen größtmöglichen Effekt zu erreichen. Auch berühmte Fotografien werden hin und wieder von Karikaturisten zitiert (z.B. das Hissen der amerikanischen Flagge auf Iwo Jima; das nackte, weinende vietnamesische Mädchen Kim Phuc etc.).

Verwandt mit dem Bildzitat ist das Literaturzitat. So verwendeten und verwenden Karikaturisten vereinzelt z.B. Goethe-, Schiller- oder Shakespearezitate in ihren Zeichnungen – oft in der Bildunterschrift, teilweise auch graphisch. Auch biblische Geschichten sind eine wichtige Quelle ihrer zeichnerischen Inspiration, wie zahlreiche Karikaturen zeigen. Besonders gerne werden z.B. das Paradies, Eva und die Schlange sowie die Arche Noah zeichnerisch verarbeitet. Relativ beliebt ist außerdem das Aufgreifen von Legenden aus der antiken Mythologie, etwa der gefesselten Odysseus, der Koloss von Rhodos, das trojanische Pferd, die Schlacht bei den Thermopylen, Romulus und Remus. Die Herausforderung für die Schüler liegt darin, dass diese Anspielungen in der Regel erkannt werden müssen, um die Karikatur erfolgreich zu decodieren und sie in ihrer ganzen Bedeutung zu verstehen.

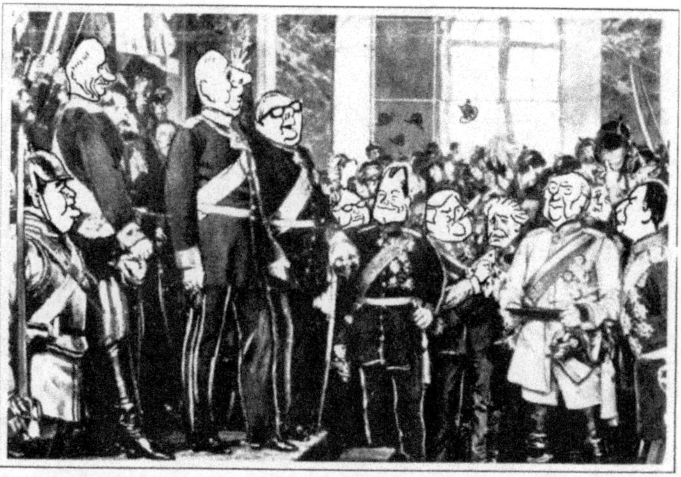

Abb. 47: Hans-Joachim Gerboth, ohne Titel, o.J.
(Hans-Joachim Gerboth, Meine Adenauer-Memoiren, Recklinghausen 1964)

Beispielhaft für die Arbeit mit Bildzitaten soll hier eine Zeichnung vorgestellt werden, die im Zusammenhang mit einer Unterrichtseinheit zum Zusammenwachsen Europas oder im Rahmen einer Reihe zu den deutsch-französischen Beziehungen eingesetzt werden kann (Abb. 47). Der Karikaturist Gerboth greift in seiner Montage das bekannte Historiengemälde Anton von Werners von der Kaiserkrönung im Spiegelsaal von Versailles im Jahre 1871 auf und ersetzt die damals handelnden Personen durch führende deutsche und französische Politiker der 1960er Jahre.

Im Unterricht müsste nun zunächst der historische Entstehungskontext des Originalbildes erinnert werden, um dann die Bedeutung der modernen Version (Adenauer als „Bismarck" überreicht dem französischen Präsidenten de Gaulle als dem „neuen Kaiser" die Krone Europas) erfassen zu können. Dennoch kann die Aussage des Zeichners unterschiedlich interpretiert werden: Handelt es sich um Kritik an Adenauer, der „deutsche Interessen" an Frankreich verkauft? Soll Kritik an de Gaulles Arroganz und dessen Großmachtphantasien geübt werden? Oder wird einfach nur Adenauer als genialer, eines Bismarck ebenbürtigen Staatsmann gefeiert? Deutlich wird, dass die Interpretation einer mit Bildzitaten arbeitenden Karikatur hohe Ansprüche stellt: Ohne Kenntnis von Werners Gemälde erschließt sich Gerboths Zeichnung nicht. Um diese aber wirklich verstehen zu können, muss der Schüler neben dem Gemälde sowie

Abb. 47a: Schematische Umrisszeichnung der Karikatur

V.l.n.r.: Franz-Josef Strauß, Robert Schuman, Charles de Gaulle, Heinrich von Brentano, Erich Ollenhauer, Willy Brandt, Ludwig Erhard, Harold Macmillan, Konrad Adenauer, Erich Mende und Gerhard Schröder.

(Hans-Joachim Gerboth, Meine Adenauer-Memoiren, Recklinghausen 1964)

dem historischen Kontext der Reichsgründung auch die Diskussion um die Integration Europas in den 1960er Jahren sowie die Debatte um einen engeren deutsch-französischen Zusammenschluss (vgl. etwa den deutsch-französischen Freundschaftsvertrag 1963) kennen.

Zum Abschluss der Interpretation böte sich schließlich noch eine handlungsorientierte Weiterarbeit an. So könnten die Schüler die an der Szene beteiligten Personen – allesamt deutsche und europäische Spitzenpolitiker – mithilfe einer selbst erstellten (oder als Kopie verteilten) Umzeichnung (vgl. Abb. 47a), Fotos aus dem Schulbuch sowie einschlägiger Handbücher erschlossen werden.

7.7 Fächerübergreifender Unterricht: Technischer Fortschritt von der Steinzeit bis heute

Die meisten Lehrpläne fordern die Geschichtslehrer dazu auf, in ihrem Unterricht auch fächerübergreifende Aspekte aufzuzeigen und den Schüler Gelegenheiten zu geben, in anderen Disziplinen erworbenes Wissen in den historischen Unterricht einzubringen. Anhand einer Besprechung der Abb. 48, z.B. im Rahmen des Themas Industrielle Revolution[10], lässt sich gut zeigen, wie mit Bedacht ausgewählte Karikaturen dazu beitragen können, entsprechende Vorgaben umzusetzen.

Abb. 48: Fritz Behrendt, 1979 – Das Leben ist lebensgefährlich, 1979 (Fritz Behrendt, Bitte nicht drängeln, München 1988)

Möglicher Tafelanschrieb

Gefährliche Erfindungen oder wichtiger Fortschritt?

Steinzeit:	Neuzeit:	Erste Hälfte des 19. Jahrhunderts:
Entdeckung des Feuers	Revolutionäre astronomische Berechnungen und Entdeckungen durch Galileo Galilei	Erfindung der Eisenbahn durch Stephenson
Ende des 19. Jahrhunderts:	**Beginn des 20. Jahrhunderts:**	**Zweite Hälfte des 20. Jahrhunderts:**
Erfindung des Automobils durch Daimler und Benz	Erfindung des Flugzeugs durch die Brüder Wright u.a.	Zivile Nutzung der Atomenergie

Anknüpfungspunkte für fächerübergreifenden Unterricht

Kunst	Edvard Munch, „Der Schrei“
Religion	Galileo Galilei und die Kirche
Deutsch	Bertolt Brecht, „Leben des Galilei“
Physik	Eisenbahn, Auto, Flugzeug, Atomkraft
Biologie	Stellen die „neuen“ Techniken eine Gefahr für den menschlichen Körper dar?
Politik	Streit um neue Technologien und Risiken (GAU in Japan), die Entsorgung von Atommüll, Ausbau erneuerbarer Energien

7.8 Handlungsorientierung: Karikaturen zeichnen zum Thema DDR

Schüler Karikaturen zeichnen zu lassen ist ein höchst anspruchsvolles Unterfangen. Um die Lernenden nicht zu verschrecken, gilt es ihnen deshalb gleich zu Beginn klarzumachen, dass für den Erfolg einer Karikatur eine gute Idee weitaus wichtiger ist als künstlerisches Geschick. So können auch zeichnerisch weniger begabte Schüler im Anschluss an die Analyse einer Karikatur Ideen für eine Folge- oder Gegenkarikatur sammeln – der überzeugendste Vorschlag könnte dann von dem Schüler mit den besten künstlerischen Fähigkeiten umgesetzt werden.

Einfacher als das eigenständige Entwerfen einer Folge- oder Gegenkarikatur ist es jedoch, eine professionelle Karikatur zu verändern oder zu erweitern. Dies soll am Beispiel einer Zeichnung Fritz Behrendts zum 40. Jahrestag der Gründung der DDR verdeutlicht werden.

Abb. 49: Fritz Behrendt, ohne Titel, Frankfurter Allgemeine Zeitung, 7.10.1989 (Ausschnitt)

(Wolfgang Marienfeld, Die Geschichte des Deutschlandproblems im Spiegel der politischen Karikatur, Hannover ²1991, S. 259)

Die Schüler erhalten zunächst die Karikatur in manipulierter Form (Abb. 49) als Kopie. Anschließend an die Beschreibung des „Propagandaplakats" fordert die Lehrkraft dazu auf, diesem „offiziellen Bild der SED-Führung" ein realistisches Bild der Zustände in der DDR entgegenzusetzen. Besonders gelungene Versionen könnten dann auf Folie gezogen, über den OHP präsentiert und vorgestellt werden, bevor die Schüler ihre Produkte mit der Originalkarikatur Behrendts (Abb. 50) vergleichen.

Abb. 50: Fritz Behrendt, ohne Titel, Frankfurter Allgemeine Zeitung, 7.10.1989

(Wolfgang Marienfeld, Die Geschichte des Deutschlandproblems im Spiegel der politischen Karikatur, Hannover ²1991, S. 259)

7.9 Bilingualer Unterricht: Die britische Sicht auf Deutschland

Bilingualer Geschichtsunterricht wird immer beliebter, und auch die lange Zeit schwierige Materiallage hellt sich langsam auf.[11] Dem Einsatz von Karikaturen und anderen visuellen Quellen kommt dabei im bilingualen Unterricht besondere Bedeutung zu: Die CLIL (Content and Language Integrated Learning) -Didaktik betont ausdrücklich die Vorzüge non-verbaler Quellen, da diese zunächst weitestgehend ohne Gebrauch der Fremdsprache erfasst werden können – erst in der gemeinsamen Beschreibung und Verhandlung der Quellen kommt die Arbeitssprache zum Einsatz.[12]

Im Folgenden sollen exemplarisch zwei Zeichnungen vorgestellt werden, die sich gut für den Einsatz im bilingualen Geschichtsunterricht eignen, da sie jeweils aus britischer Perspektive einen „Blick von außen" auf wichtige Epochen der deutschen Geschichte werfen. Die erste der ausgewählten Karikaturen beleuchtet den Kriegsgegner Deutsches Kaiserreich im Jahr 1914, die zweite die Lage im besetzten Deutschland im Jahre 1945. Einen besonderen Reiz stellt hier die Tatsache dar, dass die erste Karikatur ein extrem anti-deutsches, die zweite dagegen ein erstaunlich mildes und pro-deutsches Urteil fällt.

Abb. 51: W. K. Haselden, German „Culture" in War, Daily Mirror, 16.9.1914

(Timothy S. Benson, The cartoon Century. Modern Britain Through the Eyes of its Cartoonists, London 2007, S. 48)

Interpretationsschema und Leitfragen zur Analyse von Karikaturen im bilingualen Geschichtsunterricht

Step I: Description

A detailed description of the cartoon is central to any interpretation. Start by

- describing figures and objects
- saying whether any objects are symbols
- reading all labels and the caption
- speculating on what the cartoon may be about

Step II: Analysis

Now describe the action taking place in the cartoon in some more detail.

Issue

- What issue is the cartoon addressing?
- When was the cartoon published? What events that happened at the time may be of importance?

Figures, objects and symbols

- Are the figures caricatures of real people?
- Do the figures represent a certain group of people?
- What do the symbols symbolize?

Written comment

- What purpose does the written comment serve?
- Who is speaking to whom?
- Is there a play on words, are there hidden or double meanings?

Step III: Synthesis and interpretation

Put together your results and ideas and say what the message of the cartoon is and what the cartoonist's intention is.

Source

- Is the source a newspaper? Do we know anything about the source?

Cartoonist's point of view

- Identify the cartoonist's point of view: determine whether the figures are presented in a positive or negative light. Are the figures or objects exaggerated in any way?

Message

- Explain the message of the cartoon.

Aim

- What is the aim of the cartoon?
- Is the cartoon satirical, critical or both? Explain.

Step IV: Evaluation and comment

Finally, evaluate the cartoon and state your view on the cartoon's message

- Does the cartoonist give a fair/balanced view of the topic?
- What special interest groups would agree/disagree with the cartoon's message?
- What about you? Do you rather agree or disagree with the cartoon's message?

Haseldens Karikatur vom September 1914 kann im Rahmen einer Unterrichtseinheit zum Ersten Weltkrieg oder zusammen mit Abb. 52 innerhalb eines diachronen Längsschnittes z.B. zum Thema „Deutschland von außen gesehen – Deutschland in der Karikatur des Auslandes, 1914-1990“ behandelt werden. Bei der Präsentation dieses Doppelbildes sollte die untere Hälfte der Zeichnung zunächst verdeckt bleiben, damit die Schüler aktiviert werden und über die mögliche Metamorphose der vier gemütlichen, Pfeife rauchenden „Professoren“ spekulieren. Unterstützend könnte die Lehrkraft die Lernenden durch das teilweise Aufdecken bzw. die Übersetzung der Überschrift des unteren Bildes („Die Kulturnation im Krieg“) in die richtige Richtung stoßen. Die Drastik des Kontrasts der diachronen Vorher-Nachher-Karikatur lässt dabei emotionale Reaktionen, Entsetzen, vielleicht auch Empörung erwarten, denen Raum gegeben werden sollte, bevor man in die systematische Analyse einsteigt. Im Zuge der historischen Einordnung und der kritischen Bewertung sollte die Intention des Karikaturisten – Mobilisierung der britischen Bevölkerung durch Verteufelung des Kriegsgegners – deutlich und die Zeichnung klar als agitatorisch-propagandistisches Kampfbild eingeordnet werden.

Die zweite Karikatur stammt aus der Feder des berühmten David Low und befasst sich mit der katastrophalen Versorgungslage im besetzten Deutschland des Jahres 1945. Eine Beschreibung – in der Arbeitssprache Englisch – könnte so aussehen:

Description

We see a well-dressed and well-fed couple sitting at a table. On the table we can make out tea and food. The husband is reading the newspaper while eating, the wife pours herself some more tea. In contrast, there are lots of grey figures in the background and in front of the table. These creatures, many of whom bear heavy parcels on their shoulders, appear barely human, they look very slim and hungry. The refugees have their eyes fixated on the ground. Some of the people, among them young children, are sitting down in front of the table, shivering from the cold. On the right, there is a skeleton leaning over the well-fed man's chair who wears a sign „Disease knows no …“. But the man doesn't seem to notice. He says to his wife: „Why should we fuss about the Germans? They deserve it, don't they?“

Abb. 52: David Low, „Why should we fuss about the Germans? They deserve it, don't they?", Evening Standard, 1.11.1945

(British Cartoon Archive)

Bevor man Lows Karikatur präsentiert, sollte die Lehrkraft die Schüler unbedingt vermuten lassen, wie ein britischer Karikaturist Deutschland und die Deutschen wenige Monate nach dem Ende des von Hitler angezettelten, blutigsten Krieg der Geschichte dargestellt haben könnte. Es liegt nahe, ein sehr negatives, kritisches Deutschland„bild" zu erwarten – gerade auch wenn die Schüler zuvor Abb. 51 behandelt haben. Lows mitfühlende Haltung gegenüber den besiegten Deutschen wirft dann wichtige Fragen auf, die tiefe Einsichten – über den spezifischen Kontext hinaus – auslösen können. So lernen die Schüler u.a., dass es „die" britische Sicht auf Deutschland nicht gibt – genauso wenig wie „die" deutsche (oder aktuell: „die" muslimische) Sicht. Innerhalb jeder Gruppe gibt es verschiedene Einstellungen, Dispositionen und Meinungen, die teilweise nachvollzogen und teilweise kritisiert werden können, aber eben jeweils einer genauen Prüfung unterzogen werden müssen.

7.10 Diachroner Längsschnitt: Die bürgerliche, bolschewistische und islamische Revolution

Historische Längsschnitte zu ziehen verlangt von den Schülern eine ganze Menge: Temporales Bewusstsein, umfangreiches Wissen über verschiedene Epochen sowie die Fähigkeit, dieses Wissen miteinander zu kombinieren. Um hier eventuellen Abwehrreaktionen vorzubeugen und den Lernenden die gestellte Aufgabe zu erleichtern, scheint die Arbeit mit Karikaturen eine viel versprechende Möglichkeit zu sein. Denn gut ausgewählte Karikaturen fordern die Schüler förmlich zum diachronen Vergleich auf, ohne dass die Lehrkraft sie dazu eigens ermuntern muss. Gleichzeitig machen die visuellen Elemente der Zeichnung die einzelnen historischen Phänomene ebenso wie die Herstellung von Zusammenhängen anschaulicher. Um das Ziehen historischer Längsschnitte einzuüben, kann man entweder mit einem Set von Karikaturen oder mit einer einzelnen diachronen Vorher-Nachher-Karikatur arbeiten.

Abb. 53: Michael Cummings, Nur eine Sache ist schlimmer als ein Diktator: ein Befreier ..., Daily Mirror, 14.3.1979

(Michael Cummings, On the point of my pen, Portsmouth 1985, S. 186)

Die Zeichnung von Michael Cummings, einem der bekanntesten britischen Karikaturisten der zweiten Hälfte des 20. Jahrhunderts, der für den konservativen Daily Mirror arbeitete, kann im Geschichtsunterricht zum Ende einer Einheit wahlweise zur Französischen Revolution oder zur Oktoberrevolution eingesetzt werden.[13] Cummings Karikatur lässt sich dabei in drei Einzelbilder unterteilen:

Beschreibung

Links erkennt man Maximilien Robespierre, der vor einer Guillotine auf dem toten König Ludwig XVI. steht, daneben Josef Stalin, der eine riesige, noch rauchende Pistole in der Hand hält und auf dem Zaren Nikolaus II. „herumtrampelt". Rechts im Bild steht der Ayatollah Khomeini auf dem persischen Schah und reckt eine Schnellfeuerwaffe in die Luft. Die drei Männer tragen jeweils ein Schild mit der Aufschrift „Nieder mit dem Tyrann! Lang lebe der Tyrann!"

Angestoßen durch diese provokante Zeichnung, bietet sich ein Vergleich der bürgerlichen Revolution von 1789, der bolschewistischen Revolution von 1917 und der islamischen Revolution von 1979 sowie eine Erörterung von Cummings These „Nur eine Sache ist schlimmer als ein Diktator: ein Befreier …" an.[14]
Neben der Einzelkarikatur lassen sich historische Längsschnitte natürlich auch sehr gut durch die Zusammenstellung mehrerer Zeichnungen aus unterschiedlichen Epochen herstellen. Für das Thema Imperialismus und Erster Weltkrieg wäre dies z.B. mit den in diesem Band abgebildeten Karikaturen Abb. 20, 21, 28, 33, 43, 44, 46 und 51 möglich.

7.11 Wiederholung: Gorbatschow und das Ende des Kalten Krieges

Wiederholung und Festigung sind elementare Prinzipien nachhaltigen Geschichtsunterrichts. Allerdings darf Wiederholung nicht heißen, den eigenen Unterricht mit der rituellen Frage „Was ham' wir denn letzte Stunde gemacht?" zu eröffnen. Vielmehr sollten zentrale Inhalte möglichst variantenreich und schülerorientiert repetiert werden. Neben Fotos, Comics, Spielen und Rätseln ist hierzu auch die Karikatur ausgezeichnet geeignet.

Abb. 54: Tony Auth, ohne Titel, The Philadelphia Inquirer, 29.12.1991

(Joe Szabo (Hrsg.), Top Selection: The Finest International Political Cartoons of Our Time (1992), North Wales, 1992, S. 75)

In dem hier präsentierten Beispiel nehmen die Lernenden die Karikatur zum Anlass, die wichtigsten Entwicklungen der Ära Gorbatschow zum Abschluss einer Reihe zum Kalten Krieg (oder zum Epochenjahr 1989) Revue passieren zu lassen. Um das mündlich rekapitulierte Wissen dauerhaft zu festigen, sollten die Ergebnisse zusätzlich in Form eines Tafelbildes oder mithilfe eines Arbeitsblatts festgehalten werden.

Analysebogen

Beschreibung der Bildelemente	Erläuterungen
Cold War Der Kalte Krieg wurde beerdigt	Entspannung (Détente) seit den 1970er Jahren KSZE-Prozess, 1975 Verabschiedung der „Schlussakte von Helsinki" Abzug der sowjetischen Truppen aus Angola und Afghanistan
Arms race Das (nukleare) Wettrüsten ist beendet	SALT-Verhandlungen Im Rüstungswettstreit mit den USA kann die Sowjetunion nicht mehr mithalten Gipfeltreffen von Reykjavik 1986: US-Präsident Reagan und Generalsekretär Gorbatschow beschließen die Verschrottung aller nuklearer Mittelstreckenraketen
Soviet dictatorship Die Parteidiktatur der KPdSU wurde abgeschafft	Gorbatschow leitet nach seiner Ernennung zum Generalsekretär der UdSSR wichtige Reformen ein: Glasnost (Offenheit und Transparenz): Lockerung der Zensur, Ausweitung der Meinungsfreiheit, Freilassung von politischen Gefangenen Perestroika (Umbau): Modernisierung der desolaten Wirtschaft, marktwirtschaftliche Öffnung
Eastern Europe Die im eisernen Käfig gefangen gehaltenen Warschauer-Pakt-Staaten sind „ausgeflogen"	Nach dem Zweiten Weltkrieg hatte Stalin Osteuropa gewaltsam in den sowjetischen Machtbereich integriert. 1953 (DDR), 1956 (Ungarn) und 1968 (Tschechoslowakei) wurden Aufstände durch sowjetische Panzer niedergewalzt Mit dem Besuch des Papstes 1979 und der Gründung der unabhängigen Gewerkschaft „Solidarität" 1980 regte sich in Polen neuer Widerstand 1989: Polen hält freie Wahlen ab, aus denen die nichtkommunistischen Kräfte als stärkste Partei hervorgehen Ungarn öffnete im Sommer 1989 seine Westgrenzen Demonstrationen in der DDR, Massenflucht, Fall der Mauer am 9.11.1989
Democracy Die zarten Pflänzchen der Demokratie sind gepflanzt	Gorbatschow: „Wir brauchen die Demokratie wie die Luft zum atmen" (1987) Vgl. Glasnost und Perestroika
„I guess I'll call it a day" „Totengräber" Gorbatschow zieht sich erschöpft, aber stolz nach getaner Arbeit zurück	Einleitung von mutigen demokratischen Reformen 21.12.1991: Auflösung der Sowjetunion, Gründung der „Gemeinschaft Unabhängiger Staaten" (GUS)
Zusammenfassung	Generalsekretär Gorbatschow hat den Kalten Krieg beendet sowie wichtige innenpolitische und wirtschaftliche Reformen eingeleitet, wird aber für diese herkulische Aufgabe nicht belohnt: Nach einem ersten Putschversuch im August 1991 muss er im Dezember im Zuge der Auflösung der Sowjetunion von seinem Amt als Generalsekretär zurücktreten.
Vorschlag für einen möglichen Titel der Karikatur	Das Ende des Kalten Krieges; Gorbatschow, Totengräber der Sowjetunion

7.12 Lernen an Stationen: Die Europäische Integration im Spiegel der Karikatur

Stationenlernen, Lernzirkel, Museumsgang, Karikaturenralley: Viele unterschiedliche Begriffe, die im Grunde ein und dieselbe Methode bezeichnen. Beim Lernen an Stationen handelt es sich um eine besonders schülerorientierte und in hohem Maße schüleraktivierende Form Offenen Unterrichts. Gleichzeitig stellt diese Methode aber auch höchste Ansprüche hinsichtlich Eigenverantwortlichkeit, Frustrationstoleranz, Durchhaltevermögen und Motivation der Lernenden. Die ideologische Verklärung offener Lernformen, welche oft einherging mit Kritik am angeblich antiquierten Frontalunterricht, verdeckt jedoch die Frage, inwieweit in offenen Unterrichtsformen im Allgemeinen und im Stationenlernen im Besonderen tatsächlich effektives und qualitativ hochwertiges Lernen stattfindet.[15]

Solche Bedenken betreffen einen so komplexen Lerngegenstand wie die historische Karikatur im besonderen Maße. Sprechen die Beobachtungen Markus Bernhardts (vgl. Kapitel 6.1) nicht eher gegen Stationenlernen, Wochenplan und Freiarbeit? Wenn die Lehrkraft nur noch „Moderator" oder „Lernbegleiter" ist, wer kontrolliert dann, ob die Schüler die Karikatur tatsächlich verstanden haben?

Meines Erachtens ist Karikaturarbeit durchaus mit offenen Lernformen vereinbar. Gewisse Voraussetzungen jedoch sind für zufrieden stellende Ergebnisse unabdingbar:

- Die Schüler müssen mit Karikaturarbeit vertraut sein.
- Die verwendeten Karikaturen müssen sinnvoll ausgewählt sein und einen angemessenen Schwierigkeitsgrad aufweisen.
- Die Schüler müssen über das zur Interpretation notwendige Wissen verfügen.
- Die Stationen sowie ein „Laufzettel" müssen durch die Lehrkraft gewissenhaft vorbereitet werden.
- Die Schüler müssen Spaß am eigenverantwortlichen Arbeiten in Gruppen haben und ausreichend motiviert sein.
- Die Ergebnisse der Arbeit an den Stationen müssen von *allen* Gruppenmitgliedern schriftlich festgehalten werden.
- Zum Abschluss des Lernzirkels müssen Karikaturanalyse und -interpretation gemeinsam von Schülern und Lehrkraft im Plenum besprochen und überprüft werden.

Wie Lernen an Stationen mit Karikaturarbeit kombiniert werden kann, wird im Folgenden beispielhaft anhand eines Lernzirkels zur Geschichte der Europäischen Integration gezeigt. Bevor jedoch die einzelnen

Karikaturen genauer vorgestellt werden, erscheint eine knappe Erläuterung der praktischen Umsetzung des Stationenlernens im Unterricht sinnvoll. Je nach Größe der Lerngruppe wählt die Lehrkraft zunächst sechs bis acht aussagestarke Karikaturen zum Thema aus, die dann von Gruppen von je ca. vier Schülern bearbeitet werden. Jede der über den Klassenraum verteilten „Stationen" besteht aus einer Karikatur. Nun erhält jeder Schüler ein Interpretationsschema (vgl. Kapitel 6.2), welches die Gruppenarbeit vorstrukturiert. Durch den Aufforderungscharakter einer solchen Handreichung ist zugleich sichergestellt, dass *alle* Lernenden aktiv an der Karikaturanalyse mitwirken. Leitfrage an allen Stationen sollte sein, inwiefern der in der Zeichnung dargestellte Prozess bzw. das dargestellte Ereignis die Europäische Integration beeinflusste.

Die Schüler haben nun ca. zehn Minuten Zeit, „ihre" Karikatur gemeinsam zu bearbeiten, sich über zeichnerische Details, Symbole, Metaphern etc. sowie über die Aussage und Einordnung der Zeichnung auszutauschen und die wichtigsten Dinge in Stichpunkten festzuhalten. Auf ein Zeichen des Lehrers hin wechseln die Gruppen anschließend im Uhrzeigersinn zur nächsten Station. Die oben aufgeführten Schritte wiederholen sich.

Je nach zur Verfügung stehender Zeit können alle Gruppen alle Stationen durchlaufen. Es ist aber genauso möglich, dass jede Gruppe nur zwei oder drei Karikaturen analysiert. Wichtig ist, dass zum Ende der (Doppel-)Stunde genug Zeit für die gemeinsame Besprechung der Quellen im Plenum bleibt. Denn erst im Zuge dieser Ergebnissicherung wird deutlich, inwieweit die Lernenden die Aussagen der Karikaturisten tatsächlich verstanden haben. In dieser Phase bietet es sich an, jede Gruppe je eine Karikatur vorstellen zu lassen. Aufgabe der Zuhörer aus den anderen Gruppen ist es, die vorgestellten Ergebnisse auf Vollständigkeit und Triftigkeit hin zu überprüfen. Fehlperzeptionen und Fehlinterpretationen der vortragenden Schüler sollten dabei zunächst von den anderen Gruppen – und erst danach von der Lehrkraft – korrigiert und gerade gerückt werden. Alternativ könnten die Ergebnisse des Lernzirkels auch durch eine Hausaufgabe überprüft werden, etwa indem die Lernenden ein oder zwei Zeichnungen ausführlich schriftlich analysieren. Ist eine Ausweitung des Lernzirkels auf mehrere Stunden geplant, so können die allgemein gehaltenen Aufgaben („Beschreibe und Interpretiere die vorliegende Karikatur. Arbeite dabei heraus, inwiefern der in der Zeichnung dargestellte Prozess bzw. das dargestellte Ereignis die Europäische Integration beeinflusste.") um weitere Arbeitsaufträge ergänzt werden:

Allgemeine Arbeitsaufträge

- Markiert mindestens fünf zeichnerische Details in der Karikatur (etwa durch Einkreisen) und erläutert ihre Bedeutung.
- Erörtert, inwiefern sich die vorliegende Karikatur für eine Aufnahme in ein Schulbuch des Faches Politik bzw. Geschichte eignet.
- Diskutiert, inwiefern die EU ein Vorbild für andere Staaten weltweit sein kann.

Spezifische Arbeitsaufträge

- Diskutiert aus heutiger Sicht den Erfolg der Bemühungen Schumans und Adenauers, die „Kluft" zwischen Deutschland und Frankreich zu „überbrücken" (Abb. 57).
- Diskutiert Ziele und Folgen der Gemeinsamen Agrarpolitik (Preisgarantien, Abnahmegarantien, vgl. Abb. 59).
- Entwerft in der Gruppe ein Plakat, welches die zentralen Bilder und Aussagen der Karikatur ansprechend darstellt (Abb. 60, vgl. auch Abb. 63).
- Verfasst anlässlich der 50-Jahrfeier eine Rede, in welcher ihr als europabegeisterte Bürger einerseits die Erfolge der EU herausstellt und andererseits einen Blick auf die Herausforderungen der Zukunft werft (Abb. 61).
- Verfasst einen Leserbrief, in dem ihr auf einen Artikel der Bildzeitung „Deutschland erneut Zahlmeister Europas" antwortet (Abb. 62).

Ein wichtiger Hinweis zum Schluss: Lernzirkel, die schwerpunktmäßig mit der Quelle Karikatur arbeiten, eignen sich in aller Regel nicht als Einstieg in eine neue Unterrichtsreihe, da die Interpretation der kritischen Graphik zuviel Wissen voraussetzt. Als sinnvoller erscheint stattdessen ein Einsatz zum Abschluss einer Reihe im Sinne einer Wiederholung und Vertiefung wesentlicher Aspekte.

Auf den folgenden Seiten sollen nun in aller gebotenen Kürze acht Karikaturen vorgestellt werden, die in einem Lernzirkel zur Geschichte der Europäischen Integration Verwendung finden können. Ähnlich wie in dem Praxisband *Geschichte in Karikaturen* werden jeder Zeichnung eine kurze Beschreibung sowie ein Interpretationsvorschlag beiseite gestellt. Thematisch decken die Karikaturen ein breites Spektrum von dem Wiederaufleben der Europaidee nach dem Zweiten Weltkrieg, dem Schumanplan, der Frage nach engerer militärischer Zusammenarbeit in Westeuropa, den Nord- und Süderweiterungen der EG, der Frage des Türkeibeitritts, dem Streit um deutsche Nettozahlungen bis hin zum 50-jährigen Bestehen der Römischen Verträge im Jahr 2007 ab.

Dabei können einzelne Karikaturen selbstverständlich je nach Schwerpunktsetzung der Unterrichtsreihe auch durch andere Quellen ersetzt werden.[16] Im Sinne der Herstellung von Gegenwartsbezügen empfiehlt sich zudem die Hinzuziehung von graphischen Kommentaren zu aktuellen Entwicklungen wie etwa der Eurokrise.

Abb. 55: Daniel Fitzpatrick, An old bulb sprouting this spring (Eine alte Blumenzwiebel, die in diesem Frühling sprießt), St. Louis-Post Dispatch (USA), 23.3.1947

(Daniel Fitzpatrick, As I saw it, New York 1953, S. 134)

Beschreibung

Die Karikatur wirkt sehr düster und dunkel. Im Zentrum steht eine riesige Blumenzwiebel, die mit „United States of Europe" (Vereinigte Staaten von Europa) beschriftet ist. Die Blume beginnt langsam zu sprießen, aber der Sprössling ist im Vergleich zur gigantischen Zwiebel unter der Erde noch sehr klein. Vor dem Sprössling steht demütig ein Mann. Den Kopf gesenkt und die Hände wie zum Gebet gefaltet, blickt er auf den Sprössling herunter. Der Mann trägt Melone und Holzschuhe und wirkt eher ärmlich gekleidet. Im Hintergrund links sieht man ein verfallenes Haus mit winzigen Fenstern und ohne Dach, rechts einen abgebrochenen Baumstamm, dem lediglich zwei dünne, wenn auch sprießende Äste geblieben sind. Sowohl im linken als auch im rechten Bildrand liegen zahlreiche Trümmer, die ebenso bedrohlich wirken wie die dunklen Wolken am Himmel.

Interpretation

Fitzpatrick hofft ebenso wie die Menschen im kriegszerstörten Europa, dass die alte Europaidee endlich verwirklicht wird. Ein weiterer europäischer Krieg muss verhindert werden. Gedankliche Vorarbeit und erste Ansätze zur Umsetzung des Europagedankens hat es in der Vergangenheit genug gegeben (vgl. die Größe der Blumenzwiebel). Große Ausstrahlungskraft hatte etwa die Pan-Europa-Idee des Österreichers Richard Nicolaus Coudenhove-Kalergi, der zufolge ein erneuter Weltkrieg durch einen politisch-wirtschaftlichen Zweckverband verhindert werden sollte. Coudenhove-Kalergis Ideen inspirierten u.a. die deutschen und französischen Politiker der Zwischenkriegszeit Stresemann und Briand. Nach den unermesslichen Zerstörungen und Opferzahlen des Zweiten Weltkrieges griffen zahlreiche Politiker und Intellektuelle den alten Europagedanken wieder auf. So forderte u.a. der britische Staatsmann Winston Churchill am 19.9.1946 in seiner berühmten Rede an der Universität Zürich die Schaffung der „United States of Europe". Der Zeichner Fitzpatrick stellt sich eindeutig auf die Seite der europäischen Föderalisten. Er hat die (berechtigte) Hoffnung, dass sich die Europaidee im Unterschied zu den 1930er Jahren nun wirklich durchsetzt: Die Blume sprießt langsam, und auch der fast abgestorbene Baum treibt schon wieder aus.

Abb. 56: E. M. Lang, „Der Wolf und die Geißlein – gestern ein Märchen und heute?", Süddeutsche Zeitung, 13.3.1948

(Ernst Maria Lang, Bayern und Ereignisse der Welt. Karikaturen der Süddeutschen Zeitung, Basel 1990, S. 33)

Beschreibung

Im Zentrum der Karikatur steht ein „großer, böser Wolf". Das Raubtier ist kurz davor, in einen Stall/ein Gebäude einzudringen: Das Tor/die Tür ist einen großen Spalt geöffnet, gleichzeitig steht der bedrohlich das Maul aufreißende Wolf mit dem Oberkörper bereits halb im Flur. Just in diesem Moment kehrt eine große Ziege (die USA) aus einem Nebenraum zurück und blickt erschreckt auf die sechs kleinen Geißlein, die sich in einem verzweifelten Kampf befinden: Mit vereinten Kräften stemmen sie sich gegen das Tor.

Weitere Details: Die Ziege trägt einen Korb; im Bildvordergrund liegt ein offensichtlich krankes Geißlein mit Zipfelmütze unter einer Decke.

Interpretation

Die Karikatur entstand im Jahr 1948, als immer mehr Konflikte zwischen den ehemaligen Alliierten Sowjetunion und USA zutage traten, aus denen schließlich der Kalte Krieg hervorging. Lang empfindet die Sowjetisierung Osteuropas als reale Bedrohung auch Westeuropas und stellt die Sowjetunion Stalins entsprechend als den „großen, bösen Wolf" dar. Seiner Meinung nach ist der Kommunismus im Begriff, auf Großbritannien, Frankreich, Belgien, die Niederlande, Luxemburg und (West-)Deutschland überzugreifen. Von der Aggressivität ist auch die mächtige USA überrascht, die sich mit Verabschiedung des Marshallplanes gerade erst dazu durchgerungen hat, das demokratische, durch den Krieg stark geschwächte Westeuropa auch finanziell zu stützen. Verhindern ließe sich die „kommunistische Gefahr" Langs Ansicht nach nur, wenn die USA Westeuropa entschlossen beispringt – etwa in Form von wirtschaftlicher Unterstützung durch den Marshallplan (vgl. den Korb). Gleichzeitig müsse Deutschland, das kranke Geißlein, rasch gesunden (Forderung nach wirtschaftlichem und politischem Wiederaufbau sowie eventuell auch nach Wiedervereinigung). Die hier dargestellte Bedrohung Westeuropas durch die sowjetische Hegemoniebestrebungen sollte dann in den folgenden Jahren tatsächlich zu einem engeren militärischen, wirtschaftlichem und politischem Zusammenschluss Frankreichs, Belgiens, der Niederlande, Luxemburgs, Westdeutschlands und bis zu einem gewissen Grad auch Großbritanniens führen (vgl. die Bemühungen um die Errichtung einer Europäischen Verteidigungsgemeinschaft, NATO-Mitgliedschaft der Bundesrepublik, Gründung der EGKS und EWG).

Abb. 57: Gilbert Leslie Illingworth, Pont de la Concorde (Brücke der Eintracht), Punch 1950

(Tony Rea, International Relations, Oxford 2002, S. 125)

Beschreibung

Die Karikatur lässt sich in zwei Bilder unterteilen, die durch einen tiefen, dunklen Graben, welcher mit den Worten „Mistrust“ (Misstrauen) und „Suspicion“(Argwohn) beschriftet ist, voneinander getrennt sind. Rechts im Bild erkennt man einen Mann, der direkt vor dem Abgrund steht, eine kleine Hütte mit der Aufschrift „Adenauer AG“ sowie diverse Baumaterialien. Links im Bild erkennt man ebenfalls eine Bretterbude – diese ist mit „Schuman etc.“ beschriftet –, eine Schubkarre sowie einen Kran, welcher einen riesigen, mit den Worten „Coal and Steel Plan“ versehenen Stahlträger bewegt. Gesteuert wird der Stahlträger von dem Mann im Bildvordergrund mithilfe eines Seils sowie durch an den Kranführer gerichtete Handzeichen.

Interpretation

Die Karikatur ist als visuelle Darstellung des „Schumanplanes“ (Gründung der Europäischen Gemeinschaft für Kohle und Stahl (EGKS)) zu verstehen. Robert Schuman, damaliger französischer Außenminister, schlug 1950 auf Initiative Jean Monnets der Bundesrepublik vor, die deutsche und französische Kohle- und Stahlproduktion unter die Aufsicht einer gemeinsamen, supranationalen Behörde zu stellen. Ein wichtiges Ziel dieser Politik war, den „tiefen Graben“ von gegenseitigem Misstrauen und Hass, den die über hundert Jahre während deutsch-französische „Erbfeindschaft“ aufgerissen hatte, dauerhaft und endgültig zu „überbrücken“ (vgl. den Stahlträger, die Baumaterialien sowie den Titel der Karikatur). Auch wenn es sich bei der vorliegenden Zeichnung um eine in erster Linie deskriptive Karikatur handelt, lässt der britische Zeichner Illingworth wenig Zweifel daran, dass der Schumanplan ein sinnvoller und begrüßenswerter Schritt hin zu einem friedlicheren Europa ist. Und in der Tat wird der Vorstoß des französischen Außenministers heute rückblickend als der entscheidende Schritt betrachtet, der wenige Jahre später, 1957, zu den Römischen Verträgen führte. Mit dieser Errichtung der Europäischen Wirtschaftsgemeinschaft (EWG) sowie der Europäischen Atomgemeinschaft gaben Nationalstaaten einen Teil ihre Souveränität an die neu geschaffenen supranationalen Institutionen ab – ein welthistorisch einmaliger Vorgang.

Abb. 58 Ranan Lurie, Blocking the view (Es versperrt einem die Sicht), (USA) 29.10.1971

(Ranan R. Lurie, Nixon rated cartoons, New York 1973, S. 137)

Beschreibung

Die Karikatur zeigt drei Hochhäuser, von denen sich zwei noch im Bau befinden: Links der Büro- oder Wohnturm der „japanischen Wirtschaft", rechts der „gemeinsame Markt" (Europäische Gemeinschaft, EG), der aus einzelnen Bauelementen zusammengesetzt und durch diverse europäische Flaggen „verschönert" ist. Während die Arbeiten am japanischen Hochhaus gerade unterbrochen sind, setzt ein riesiger Kran den Fertigbausatz „England" auf die sechs bereits bestehenden Etagen des rechten Gebäudes. Die Aktion wird aufmerksam-besorgt von einem älteren Mann mit Spitzbart und Zylinder (Uncle Sam) im oberen Stock des mittleren Hochhauses („US-Wirtschaft") verfolgt.

Interpretation

Dargestellt wird die Erweiterung der EG zum 1.1.1973 um Großbritannien, Dänemark und Irland, welche bislang der 1960 als Antwort auf die EWG gegründeten EFTA angehörten. In den Jahren nach der Gründung der Europäischen Wirtschaftsgemeinschaft (EWG) und der Europäischen Atomgemeinschaft (EURATOM) 1957 hatten die sechs Gründungsmitglieder einen beispiellosen ökonomischen Aufstieg erlebt. Zentraler Bestandteil der 1967 in die „EG" umgewandelten Gemeinschaft war der „gemeinsame Markt", der durch Abschaffung aller Zölle erheblich zum wirtschaftlichen Erfolg ihrer Mitgliedsstaaten beigetragen hatte (vgl. das deutsche „Wirtschaftswunder" und die „trente glorieuse" in Frankreich).

Durch die Norderweiterung schwingt sich die EWG nach Ansicht Luries zum ernsthaften Konkurrenten für das ebenfalls aufstrebende Japan und die immer noch die Weltwirtschaft dominierende USA auf. Die Zeichnung ist deshalb mehr als eine reine Visualisierung des britischen Beitritts. Sie ist auch eine Warnung an die USA, dass die EWG langfristig die neue ökonomische Weltmacht werden könnte (Allerdings ist das amerikanische Hochhaus viel zu niedrig gezeichnet, das US-Wirtschaftsleistung lag zum Zeitpunkt der Zeichnung weit über dem der EWG bzw. Japans.).

Abb. 59: Rudolf Schöpper, „Grüß Gott, tretet ein! Bringt Glück herein!", 1985

(Rudolf Schöpper, Kostproben aus den politischen Karikaturen 1985, Münster 1986)

Beschreibung

Zwei Männer, durch Schriftzüge als Spanier und Portugiesen ausgewiesen, sind im Begriff, durch ein geöffnetes Tor in die „EG" einzutreten. Sie sind ärmlich gekleidet (vgl. ihre Schuhe sowie die geflickte Kleidung); ihre kleinen Wägelchen enthalten Agrarprodukte wie Obst, Fisch und Wein. Die beiden blicken erstaunt und ein wenig ängstlich auf die Szene, die sich im Inneren des Hofes abspielt: Vier Menschen (mit Basken- und Schlafmütze, Union-Jack-Zylinder und holländischer Tracht) diskutieren heftig, ja scheinen in eine ernsthafte Auseinandersetzung verwickelt.

Weitere Details: Hinter der den Hof umgebenden Mauer „stapeln sich" Kühe und Schweine; Obst, Fisch und Weinflaschen liegen auf dem Boden herum; Apfelbäume tragen schwer; ein großes Bauernhaus wirkt heruntergekommen und notdürftig geflickt. Am Bildrand rechts und links blicken außerdem einige Männer – einer davon ein Fischer – aggressiv-feindlich auf die „Neuankömmlinge".

Interpretation

Die Karikatur thematisiert den EG-Beitritt Portugals und Spaniens 1986. Historischer Kontext: Die EG litt in den 1980ern unter riesigen Agrarüberschüssen. Aufgrund der Vereinbarungen der Gemeinsamen Agrarpolitik (GAP) und den EG-vertraglich festgelegten Preis- und Abnahmegarantien produzierten die europäischen Bauern viel mehr Lebensmittel, als in der Gemeinschaft verbraucht werden konnten. Die Folge war eine enorme Überproduktion, die teilweise unter Weltmarktpreis in die Entwicklungsländer verkauft oder vernichtet wurde (Stichwort „Milchseen", „Butterberge"). Gleichzeitig entspann sich innerhalb der EG eine Kontroverse um die Reformbedürftigkeit der GAP (vgl. den Streit zwischen Deutschland, Großbritannien, den Niederlanden und Frankreich, welche jeweils durch Nationalcharaktere repräsentiert sind).

Der Karikaturist Schöpper befürchtet angesichts des Beitritts der wirtschaftlich rückständigen und stark agrarisch geprägten Mittelmeeranrainer eine Verschärfung der EG-internen Auseinandersetzungen um die Reform der GAP (vgl. auch die Unglück symbolisierende schwarze Katze). Daneben spielt er auch auf den Streit um die Fangquoten in europäischen Gewässern an. Schöpper unterlegt seine Karikatur mit einem entsprechend sarkastischen Kommentar.

Abb. 60: Nik Ebert, „Auf die Reservebank? Ihr könnt mich mal!“, Rheinische Post, 16.12.1997

(Sammlung des Autors)

Beschreibung

Die dargestellte Szene findet auf einem Fußballplatz statt. Links sieht man fünf Spieler im EU-Trikot. Während zwei sich warmzumachen scheinen, hält ein Spieler die Hände in den Taschen, ein zweiter den Ball in der Hand und ein dritter trägt eine Reise- oder Sporttasche. Die drei Männer blicken erstaunt auf einen großen Mann rechts, der, auf zwei Krücken gestützt, verärgert den Fußballplatz verlässt. Auch dieser Mann trägt eine Sporttasche, an dieser baumeln ferner zwei Fußballschuhe. Bekleidet ist der Mann mit einer exotischen Kopfbedeckung (Fez, traditionelle Kopfbedeckung türkischer Männer) sowie einer Weste, auf der aber nicht die EU-Flagge, sondern Stern und Halbmond zu erkennen sind. Außerdem trägt er gleich zwei Gipsbeine. Diese sind mit den Worten „Zypern & Kurden“ sowie „Menschenrechtspolitik“ beschriftet.

Interpretation

Der Karikaturist Ebert thematisiert in dieser Karikatur die (frustrierten) Hoffnungen der Türkei auf einen raschen Beitritt zur EU. Die türkische Regierung und eine konstante Mehrheit der türkischen Bevölkerung setzten seit längerem schon auf eine EU-Mitgliedschaft: Sie möchten „mitspielen“, also am wirtschaftlichen und politischen Erfolg der Union teilhaben. In der Vergangenheit hat die EU immer wieder neue Staaten aufgenommen (vgl. den Spieler mit der Tasche in der Hand), aber trotz einiger aufmunternder Signale (vgl. etwa das Assoziierungsabkommen mit der Türkei 1963) und der Aufnahme von Beitrittsverhandlungen im Jahr 2005 – also acht Jahre nach dem Erscheinen der Karikatur – ist eine eventuelle Vollmitgliedschaft des Landes in der EU immer noch ungewiss. Immerhin sitzt die Türkei aber seit längerem auf der „Ersatzbank“, kann also durchaus später noch „eingewechselt“ werden. Hauptgrund für die stockenden Verhandlungen sind nach Ansicht Eberts die ungelösten Fragen der Zypern- und Kurdenpolitik sowie die seit vielen Jahren immer wieder monierten Menschenrechtsverletzungen durch türkische Polizei, Justiz und Militär. Die Bildunterschrift schließlich spielt auf die Reaktion der türkischen Politik auf die Ablehnung durch die Europäer an: Indem die Regierung in Ankara trotz ihrer Krücken und zwei riesigen Gipsbeinen nicht wahrhaben will, dass ihr Land so nicht im „EU-Klub“ „mitspielen“ kann, erweist sich die türkische Führung als realitätsfremd und überempfindlich gegenüber Hinweisen auf notwendige Reformen, die einem EU Beitritt zwingend vorausgehen müssen.

Abb. 61: Horst Haitzinger, „und bleib uns verschont vor Blitzschlag und Dürre!“, Soester Anzeiger, 24.3.2007

(Sammlung des Autors)

Beschreibung

Ein Mann und ein kleines Kind stehen andächtig vor einem riesigen Baum, auf dessen Stamm der Schriftzug „50 Jahre Europa" zu lesen ist. Die Blätter des Baumes weisen die Nationalfarben verschiedener Länder auf. Der Baum wächst auf einem Grab, direkt neben einem großen Grabstein, auf welchem die Inschrift „Millionen Weltkriegsopfer 1914-1918 [und] 1939-1945" zu lesen ist. Weitere Details: Der Mann hält einen Hut vor seiner Brust, das Mädchen einen Teddy. Vermutlich spricht der Mann die Worte „und bleib uns verschont vor Blitzschlag und Dürre!". Im linken Bildrand erkennt man eine Wasserstelle sowie eine Gießkanne.

Interpretation

Europa war über Jahrhunderte ein Kontinent der Kriege. Die beiden blutigsten Konflikte ereigneten sich in der ersten Hälfte des 20. Jahrhunderts: der Erste Weltkrieg (knapp 9 Mio. Tote) und der Zweite Weltkrieg (ca. 55 Mio. Tote). Vor allem auch als Reaktion auf diese Katastrophen wurde im Dezember 1957 in Rom die Gründung der EWG (Europäische Wirtschaftsgemeinschaft) beschlossen. In den 50 Jahren ihres Bestehens hat sich die EWG/EG/EU als Erfolgsmodell erwiesen: Die Zahl sowie der Wohlstand ihrer Mitglieder ist seit 1957 beständig gestiegen, ein Krieg zwischen europäischen Staaten scheint heute undenkbar.

Der Zeichner Haitzinger begrüßt die Europäische Integration, mahnt uns aber, dass die europäische Idee ständig „gepflegt" (bzw. der Baum gegossen) werden muss und dass der Europäischen Einigung immer auch Gefahren drohen („Blitzschlag" und „Dürre" in Form von Streitereien und Konflikten; aktuell: die Schulden- und Währungskrise). Besonders wichtig scheint ihm zu sein, dass „Europa" kein Projekt der Kriegsgeneration bleibt, sondern von den Vätern an die Söhne und Töchter (!) weitergegeben, gehegt und gepflegt wird (vgl. die Gießkanne).

Abb. 62: Peter Leger, Zahlmeister Deutschland, o.J.

(Theo Hector (Hrsg.), Magere Jahre, fette Jahre. Die Geschichte unserer Wirtschaft seit 1948 gesehen von sechsundsechzig Karikaturisten, (Wirtschaftskarikaturen, Bd. 2), Königstein 1983, S. 221)

Beschreibung

Die Karikatur lässt sich in zwei Szenen unterteilen. Links steht ein Mann im Anzug, der entsetzt zuschaut, wie ein „EG"-beschriftetes Pferd den ihm hingehaltenen „DM"-Sack leer futtert. Der Mann steht da mit weit aufgerissenem Mund, die Zipfelmütze fällt ihm vom Kopf, gleichzeitig kommen ihm die Tränen.

Rechts im Bild steht währenddessen ein ganz ähnlich gekleideter Mann. Dieser hält einen – vom Volumen her noch größeren – Sack, welcher mit dem Wort „Exportgeschäft" beschrieben ist, unter das Hinterteil des Pferdes. Während der Mann mit dem Sack rechts große Mengen an Banknoten und Münzen auffängt, legt er einen Zeigefinger auf seine Lippen und lächelt schelmisch.

Interpretation

Die Zeichnung ist als Kommentar zur periodisch wiederkehrenden Debatte um die relativ hohen deutschen Nettobeiträge an die EU zu verstehen. Als größtes und vergleichsweise wirtschaftsstarkes Land trägt die Bundesrepublik in der Tat am meisten zur Finanzierung des EU-Haushalts bei. Schaut man jedoch neben den absoluten auch auf die relativen Zahlen, so stellt man fest, dass eine Reihe kleinerer Mitgliedsländer einen weitaus höheren Pro-Kopf-Beitrag entrichtet. Peter Leger weist die von einigen Medien skandalisierten Zahlungen und die von ihnen ausgelöste künstliche Empörung über Deutschlands Rolle als „Zahlmeister Europas" aber noch aus einem anderen Grund entschieden zurück: Aufgrund des bestehenden Binnenmarktes, durch den alle Zölle wegfallen, profitiert das exportstarke Deutschland wie kaum ein anderes Land von der Europäischen Integration (blendet man einmal die problematischen Folgen des deutschen außenwirtschaftlichen Ungleichgewichts aus, die sich im Zuge der Griechenlandkrise seit spätestens 2009 immer stärker herausstellen).

7.13 Anregungen für Arbeitsvorschläge

Nach einem steilen Höhenflug in den 1980ern und 1990ern ist in den letzten Jahren zunehmend Kritik an der handlungsorientierten „Bildarbeit" laut geworden.[15] Diese Kritik hat durchaus ihre Berechtigung, denn wenn Schüler Bilder vervollständigen, ergänzen oder mit Sprechblasen versehen, Bildszenen nachstellen, Karikaturen sammeln und in ein „Portfolio" einkleben, heißt das noch lange nicht, dass die Bildaussage auch wirklich verstanden bzw. überhaupt problematisiert wurde. Bei einer Überbetonung der Handlungsorientierung besteht vielmehr die Gefahr, dass das Tun und die Methode im Mittelpunkt stehen, während die Interpretation und das historische Denken vernachlässigt werden.

Neben eher handlungsorientierten Aufgaben dürfen deshalb Arbeitsaufträge zur Beschreibung, Analyse, Interpretation und Wertung von Karikaturen nicht fehlen; diese sind vielmehr Grundlage einer späteren kreativen Weiterarbeit. Ein, zwei Mal im Schuljahr muss zudem von den Schülern verlangt werden, auch einmal eine längere schriftliche Karikaturanalyse anzufertigen. Sammelt man diese Analyse dann ein, wird schnell deutlich, in welchem Bereich der Interpretation die Lernenden noch Probleme haben bzw. woran noch gemeinsam gearbeitet werden muss.

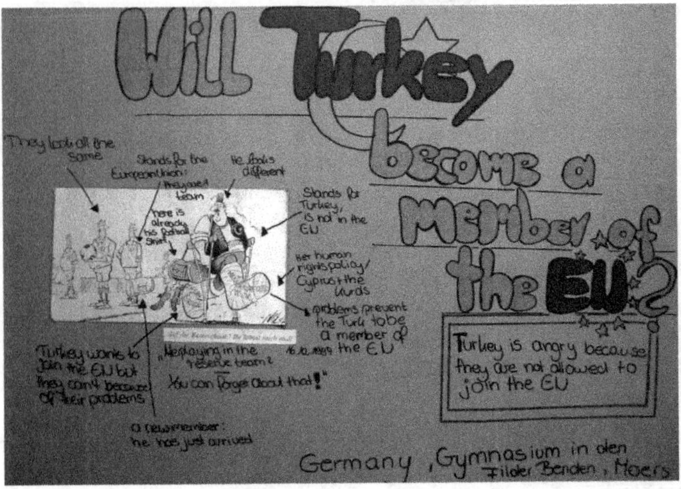

Abb. 63: Ergebnis einer handlungsorientierten, bilingualen Arbeit mit graphischen Kommentaren: Schülerplakat, welches die Auseinandersetzung des Karikaturisten Nik Ebert mit einem möglichen EU-Beitritt der Türkei analysiert (vgl. Abb. 60).

(Sammlung des Autors)

Medienanalytische Arbeitsaufträge

- Erörtere, inwiefern und mit welchem Ziel der Karikaturist Ironie nutzt. Gib Beispiele.
- Erläutere, inwiefern Ironie die Wirkung der Karikatur verstärkt.
- Diskutiere, wie und mit welcher Absicht Karikaturisten Techniken der Verzerrung nutzen.
- Erläutere die Wirksamkeit von Techniken wie Über- und Untertreibung, Farbgebung oder Perspektive.
- Erläutere anhand von Beispielen, welche zeichnerischen Techniken hinsichtlich ihrer intendierten Wirkung besonders effektiv sind.
- Untersuche, wie der Karikaturist eine bestimmte Person so darstellt, dass sie sympathisch bzw. unsympathisch wirkt.
- Untersuche die Verwendung von Stereotypen und erläutere, warum Karikaturisten gerne mit Stereotypen arbeiten.
- Diskutiere schriftlich die Aussage „Karikatur ist immer Kritik".
- Diskutiert die Aussage „Karikatur darf alles".

Arbeitsaufträge: Beschreibung und Interpretation

- Notiere dir Fragen zur vorliegenden Karikatur.
- Beschreibe deinem Sitznachbarn detailgenau die vorliegende Karikatur.
- Recherchiere notwendige Hintergrundinformationen.
- Stelle eine Sammlung von zur Interpretation notwendigen Hintergrundinformationen zusammen.
- Ordne die Karikatur zeitlich ein.
- Spekuliere über den Ort der Veröffentlichung.
- Diskutiere, inwieweit der Karikaturist für die eine oder die andere Seite Partei ergreift.
- Ordne den Zeichner politisch ein.
- Fasse die Aussage der Karikatur in ein bis zwei Sätzen zusammen.
- Gib der Karikatur eine passende Bildunterschrift.
- Verfasse eine schriftliche Interpretation der Karikatur.

Arbeitsaufträge zur Urteilsbildung

- Erörtere mögliche Reaktionen der Zeitgenossen auf die Darstellung.
- Beurteile, inwieweit der Zeichner ein akkurates Bild der dargestellten Situation bzw. Thematik zeichnet.
- Lege dar, inwieweit du der Aussage der Karikatur aus heutiger Sicht zustimmst.
- Diskutiere, inwiefern die Karikatur auch noch zehn Jahre nach ihrem Erscheinen bzw. heute aktuell ist.

Aufgaben für Partner- und Gruppenarbeit

- Stelle deinem Sitznachbarn deine Interpretation der vorliegenden Karikatur vor. Diskutiert eventuelle Unklarheiten sowie Unterschiede in der Interpretation.
- Formuliert gemeinsam drei Fragen an die Karikatur bzw. den Zeichner. Beantwortet anschließend die Fragen der anderen Gruppe(n).
- Untersucht eine Auswahl von vier Karikaturen dahingehend, welche der Zeichnungen besonders effektiv ist. Notiert jeweils die verwendeten zeichnerischen Mittel sowie ihre Wirkung.
- Verfasst mehrere alternative Bildunterschriften und einigt euch anschließend auf den passendsten Titel.
- Analysiert die ausgelegten Karikaturen im Rahmen eines „Museumsganges“ und macht euch jeweils Notizen (auf dem ausgeteilten Karikatursteckbrief). Anschließend müsst ihr – nach dem Zufallsprinzip – eine der Zeichnungen dem Plenum genauer vorstellen.

Handlungsorientierte Aufgaben

- Hebe in der Karikatur verwendete zeichnerische Symbole durch Pfeile, Einkreisen etc. hervor und erläutere diese.
- Zeichne Sprechblasen und/oder Denkblasen in die Karikatur hinein.
- Verfasse einen imaginären Brief, in dem der Karikaturist einem Freund die Beweggründe schildert, die ihn zu der Zeichnung animiert haben.
- Entwerfe einen imaginären Brief oder eine Email des Chefredakteurs, in dem dieser dem Karikaturisten darlegt, warum die Zeichnung (in dieser Form) nicht veröffentlicht wird.
- Verfasse einen Brief oder einen Zeitungsartikel, in welchem die attackierte Person auf die inhaltliche Kritik des Karikaturisten Bezug nimmt.
- Verfasse einen Dialog, in dem sich ein in der Zeichnung dargestellter Politiker gegenüber seinem persönlichen Mitarbeiter über die seiner Ansicht nach unzutreffende und/oder verleumderische Karikatur beschwert.
- Ergänze die vorliegende Karikatur um weitere Bilder oder zeichne sie um.
- Formuliere eine eigene Bildunterschrift (als Frage).
- Zeichne (bzw. überlege dir Ideen für) eine Folgekarikatur. Nimm dabei zentrale Bildelemente auf.
- Zeichne (bzw. überlege dir Ideen für) eine Karikatur, die den gleichen Sachverhalt aus einer anderen Perspektive darstellt.
- Zeichne eine Gegenkarikatur.
- Zeichne die Karikatur (vereinfacht oder schematisch) nach und versieh sie mit Kommentaren.
- Lege eine Sammlung aktueller oder historischer Karikaturen an und präsentiere sie der Klasse.
- Präsentiere eine Karikatur deiner Wahl auf einem Plakat, indem du die Zeichnung mit kurzen Textpassagen, Fotos, Karten, Statistiken etc. erläuterst.
- Verfasse einen Wikipedia-Eintrag zum Karikaturisten X bzw. zur Karikatur Y.

Anmerkungen

1 Vgl. Fieberg, Klaus, „The Zenith of French Glory“. Die hypertextuelle Erschließung einer Karikatur, in: Praxis Geschichte 5/2001, S. 28-31 sowie Fieberg, Klaus (Hrsg.): Karikaturen im Kontext. Braunschweig 2003 (CD-Rom).

2 Vgl. Hackl, Christine, Produktiver Umgang mit Karikaturen. Beispiele aus dem Umfeld der Revolution von 1848, in: GWU 57, H. 7/8 (2005), S. 406-413.

3 Vgl. den Titel des sehr erfolgreichen – und überaus empfehlenswerten – Buches von Wenzel, Birgit: Kreative und innovative Methoden. Geschichtsunterricht einmal anders, Schwalbach/Ts. 2010.

4 Zit. n. Reeken, Dietmar, Wer hat Angst vor Wolfgang Klafki? Der Geschichtsunterricht und die „Schlüsselprobleme“, in: GWU 50 (1999), H. 5/6, S. 296.

5 Alternativ könnten die Karikaturen in der Phase der abschließenden Beurteilung des Versailler Vertrages Verwendung finden. In diesem Fall wird die Lerngruppe aller Erfahrung nach automatisch die sich aus den unterschiedlichen Positionen der Karikaturisten ergebende kognitive Dissonanz zum Anlass nehmen, Einschätzungen der Kriegsschuldfrage zu rekapitulieren und einer neuen Bewertung zu unterziehen.

6 Vgl. etwa die entsprechende Veranstaltung auf dem Historikertag 2010 in Berlin.

7 Becker, Axel, Urteilsbildung im Geschichtsunterricht aus erzähltheoretischer Sicht, in: Handro, Saskia; Schönemann, Bernd (Hrsg.), Geschichte und Sprache, Berlin 2010, S. 131.

8 Die Karikatur eignet sich ebenso als Einstiegsmaterial in eine Unterrichtsreihe zur Volksrepublik China. Auf Grundlage der Quelle könnte so eine Frage wie „Mao – Held oder größter Verbrecher der Weltgeschichte?" entwickelt werden, welche die Reihe problemorientiert strukturiert.

9 Vgl. Soeren, Johan van, „Dropping the Pilot". Neues vom Lotsen – oder: Die berühmteste politische Karikatur der Welt, in: Praxis Geschichte 1/2004, S. 52-55.

10 Neben einer Behandlung der Karikatur Behrendts im Rahmen des Themas Industrielle Revolution eignet sich die Zeichnung ebenfalls für den Einsatz innerhalb eines diachronen Längsschnitts etwa zum Thema „Fortschritt in der Geschichte – immer schneller, immer weiter, immer besser?".

11 Zum Umgang mit Karikaturen im bilingualen Unterricht hat Manfred Wildhage vor einigen Jahren einen lesenswerten Beitrag in Praxis Geschichte vorgelegt, der wichtige methodische Hinweise gibt: Wildhage, Manfred, The Road to War. Chamberlain und Appeasement im Spiegel britischer Karikaturen (1938/39), in: Praxis Geschichte 1/2002, S. 34-39.

12 Diese fachdidaktisch begründete Prädominanz non-verbalen Materials im bilingualen Geschichtsunterricht spiegelt sich mittlerweile auch in vielen Schulbüchern wieder.

13 Informationen zur Islamischen Revolution, dem Sturz des Schahs und der sich anschließenden Terrorherrschaft Khomeinis müssten von den Schülern zusätzlich recherchiert oder vom Lehrer hinein gegeben werden.

14 Weitere Beispiele für Einzel-Karikaturen, die einen diachronen Längsschnitt anstoßen, etwa zur Entwicklung Chinas seit 1945 oder zur Leidens-Geschichte Vietnams seit 1939, finden sich in Schnakenberg, Ulrich, Geschichte in Karikaturen, Bd. 1, Deutschland und die Welt, 1945 bis heute, Schwalbach/Ts. 2011.

15 Beispielhaft für die Verabsolutierung Offenen Unterrichts steht das folgende Zitat:„Nicht der/die ‚Lehrer/in' als der/die schlechthin Wissende manipuliert vom Katheder herab passive, unterwürfige Schüler/innen, sondern er/sie stellt eine Lernumgebung, ein Materialangebot bereit, das dem Kind die Initiative und in hohem Maße die Verantwortung für sein Lernen überlässt." Vgl. Hegele, Irmintraut (Hrsg.), Lernziel: Stationenarbeit. Eine neue Form offenen Unterrichts, Weinheim 41999, S. 8. Zur Kritik am Offenen Unterricht vgl. Bohl, Thorsten, Prüfen und Bewerten im Offenen Unterricht, Weinheim 2006, S. 31ff.

16 An einschlägigen Quellen sei genannt: *Bliesener, Erich,* Europäische Integration als Thema der Karikatur, Heidelberg 1962, Boden, Martina, Europa: Von Rom nach Maastricht. Eine Geschichte in Karikaturen. München 1997, Schnakenberg, Ulrich, Geschichte in Karikaturen, Bd. 1, Deutschland und die Welt, 1945 bis heute, Schwalbach/Ts. 2011 sowie Schnakenberg, Ulrich, Politik in Karikaturen, Schwalbach/Ts. (in Vorbereitung). Stehen aussagekräftige Karikaturen nicht in ausreichender Zahl zur Verfügung steht natürlich auch die Verwendung anderer Quellengattungen frei.

17 Pandel, Hans-Jürgen, Bildinterpretation, in: Mayer, Ulrich; ders.; Schneider, Gerhard (Hrsg.), Handbuch Methoden im Geschichtsunterricht, Schwalbach/Ts. ^{2}2007, S. 185.

8. Literaturverzeichnis

8.1 Karikaturen-Sammlungen

a) Bücher

Bresser, Klaus, Die Karikaturen des Jahres, Brilon 1989 ff. (bis 1997)
Brooks, Charles (Hrsg.), Best Editorial Cartoons of the Year, 1974 ff.
Fieberg, Klaus (Hrsg.), Karikaturen im Kontext, Braunschweig 2003 (CD-Rom)
Geisen, Hans, Politische Karikaturen, Bde. 1-16, 1967-1984.
Haitzinger, Horst, Politische Karikaturen, 1975 ff.
Mussil, Felix, Politische Karikaturen, 1995 ff.

b) Online-Archive

http://www.cartoons.ac.uk [sehr empfehlenswerte Homepage des British Cartoon Archive. Umfasst ein riesiges Archiv historischer Karikaturen]
http://editorialcartoonists.com/ [Homepage der Association for American Editorial Cartoonists. Umfasst ein riesiges Archiv aktueller Karikaturen]
http://simplicissimus.info/ [Simplicissimus]
http://www.ub.uni-heidelberg.de/helios/digi/kladderadatsch.html [Kladderadatsch]
http://diglit.ub.uni-heidelberg.de/diglit/ulk1919/0065 [Ulk]
http://www.ub.uni-heidelberg.de/helios/fachinfo/www/kunst/digilit/fliegende-blaetter.html [Fliegende Blätter]
http://anno.onb.ac.at/cgi-content/anno?aid=kik [Kikeriki]
http://www.gutenberg.org/wiki/Punch_%28Bookshelf%29#Volume_146.2C_1914 [Punch]
http://gallica.bnf.fr/ark:/12148/cb32836564q/date.r=.langFR [Supplement des Le Petit Journal]
http://www.geschichteinchronologie.ch/eu/ch/nebelspalter-Hitler-Stalin1932-1939.html [Karikaturen aus dem Nebelspalter von 1932-1948]
http://www.memri.org/cartoon/en/category.htm [Homepage des Middle East Media Research Institute mit Karikaturen aus der arabischen Welt]
http://www.persmuseum.nl/duitslandbeeld/index.html [Umfasst eine Reihe ausgezeichneter Karikaturen zur niederländischen Sicht auf Deutschland]
http://www.loc.gov/rr/print/swann/herblock/ [Die amerikanische Library of Congress stellt hier eine Auswahl der besten Karikaturen Herblocks, eines der größten US-Karikaturisten des 20. Jahrhunderts zur Verfügung]

c) Archive

Hause der Geschichte, Bonn [Großer Bestand an Pressezeichnungen und Karikaturen aus der Nachkriegszeit sowie Nachlässe deutscher Karikaturisten]
Institut für Zeitungsforschung, Dortmund [Großer Bestand an deutschen und internationalen Karikaturen und Karikatursammlungen]

8.2 Unterrichtsvorschläge

Beimel, Matthias, Die Karikatur als Ersatzhandlung. Antisemitismus in d. NS-Propaganda u. ihre Vorbilder, in: Geschichte lernen 18 (1990), S. 28-33

Bendick, Rainer, Unüberwindbare Feindschaft. Der Friedensvertrag von Versailles in deutschen und französischen Karikaturen, in: Praxis Geschichte 1/2004, S. 19-23

Brösamle-Lambrecht, Manfred, Mit spitzem Stift. Die Karikatur als Kommentar, Kritik und politisches Kampfmittel, in: Praxis Geschichte 1/2004, S. 8-11

Bühl-Gramer, Charlotte, Ein seltsames Hochzeitspaar, Rotkäppchen und gierige Schlangen. Der Hitler-Stalin-Pakt als Motiv für Karikaturisten, in: Praxis Geschichte 1/2004, S. 28-31

Buntz, Herwig, „Tat gegen Tinte". Karikaturen im Nationalsozialismus, in: Praxis Geschichte 1/2004, S. 24-27

Buntz, Herwig; Erdmann, Elisabeth, Fenster zur Vergangenheit. Bilder im Geschichtsunterricht, Bd. 1, Bamberg [2]2007

Buntz, Herwig; Erdmann, Elisabeth, Fenster zur Vergangenheit. Bilder im Geschichtsunterricht, Bd. 2, Bamberg 2009

Erdmann, Elisabeth, Von verrückten Märzhasen und eingebildeten Frauen. Die Wilhelminische Zeit in der Karikatur, in: Praxis Geschichte 1/2004, S. 12-18

Faust, Manfred, Politische Karikaturen im Geschichtsunterricht der Sekundarstufe I, in: GWU 31 (1980), H. 12, S. 739-753

Fieberg, Klaus, „Frei nach Michelangelo". Bildzitate und Bildadaptionen in zeitgenössischen Karikaturen, in: Praxis Geschichte 1/2004, S. 41-45

Fieberg, Klaus, „The Zenith of French Glory". Die hypertextuelle Erschließung einer Karikatur, in: Praxis Geschichte 5/2001, S. 28-31

Fieberg, Klaus, „Von dem Onkel dürft Ihr nichts annehmen!" Nachkriegszeit-Karikaturen von Mirko Szewczuk", in: Praxis Geschichte 4/2002, S. 46-48

Fieberg, Klaus, Der Deutsche Michel. Realität und Wunschbild im Spiegel zweier Karikaturen, in: Praxis Geschichte 3/2006, S. 12-15

Grünewald, Dietrich, Karikatur und ästhetische Praxis, in: Geschichte lernen 18 (1990), S. 61-69

Hackl, Christine; Rühl, Christian, Produktiver Umgang mit Karikaturen. Beispiele aus dem Umfeld der Revolution von1848, in: GWU 56 (2005), H. 7/8, S. 406-413

Kaulfuß, Ralf (Hrsg.), Geschichtsbilder. Historisches Lernen mit Bildern und Karikaturen, Donauwörth 2001

Krüger, Herbert, Geschichte in Karikaturen. Von 1848 bis zur Gegenwart, Stuttgart 1981

Krüger, Werner, Die Karikatur als Medium in der politischen Bildung, Opladen 1969

Marienfeld, Wolfgang Die Geschichte des Deutschlandproblems im Spiegel der politischen Karikatur, Hannover [2]1991

Marienfeld, Wolfgang, Die deutsche Frage. Karikaturen als Bausteine zu einer Unterrichtsreihe, in: Geschichte lernen 18 (1990), S. 34-45

Marienfeld, Wolfgang, Politische Karikaturen, in: Geschichte lernen 18 (1990), S. 13-21

O'Neill, Joseph, Teaching pupils to analyse cartoons, in: Teaching History 91 (1998), S. 20-23

Roth, Rainer, Mit Hilfe von Karikaturen die „wahren" Probleme der deutschen Einheit entdecken – und (nichts) daraus lernen?, in: Hasberg, Wolfgang (Hrsg.), Geschichte entdecken, Berlin 2007, S. 49-65

Schnakenberg, Ulrich, Developing multiperspectivity through cartoon analysis: strategies for analysing different views of three watersheds in modern German history, in: Teaching History 139 (2010), S. 32-40

Schnakenberg, Ulrich, Mehr Rücksicht auf religiöse Gefühle oder eine deutlichere Verteidigung westlicher Werte? – Der Streit um die Mohammed-Karikaturen, in: www.lehrer-online.de, 2007 (http://www.lehrer-online.de/karikaturenstreit.php)

Schnakenberg, Ulrich, Between Melting Pot and Multiculturalism – Immigration to the USA, Paderborn 2010

Schnakenberg, Ulrich, Geschichte in Karikaturen, Bd. 1, Deutschland und die Welt, 1945 bis heute, Schwalbach/Ts. 2011

Schnakenberg, Ulrich, Geschichte in Karikaturen, Bd. 2, Deutschland und die Welt, 1900 bis 1945, Schwalbach/Ts., in Vorbereitung

Schnakenberg, Ulrich, Ist der nächste Krieg schon vorprogrammiert? – Der Versailler Vertrag in zeitgenössischen Zeitungsartikeln und Karikaturen, in: www.lehrer-online.de, 2007 (http://www.lehrer-online.de/versailler-vertrag.php)

Schnakenberg, Ulrich; Weickardt, Jan, „Abführung der Republik“. Der Untergang Weimars in der Karikatur, in: Geschichte lernen 127 (2009), S. 21-27

Schwarz, Uta; Pandel, Hans-Jürgen; Bergmann, Klaus, Epochenkarikaturen zur deutschen Geschichte, in: Geschichte lernen 18 (1990), S. 22-26

Semel, Stefan, Glaubenskampf als Bilderkampf, in: Geschichte lernen 84 (2001), S. 40-42

Smula, Hans-Jürgen, Der Lotse geht von Bord. Karikatur als historisches Zitat, in: Geschichte lernen 18 (1990), S. 46-52

Soeren, Johan van, „Dropping the Pilot“. Neues vom Lotsen – oder: Die berühmteste politische Karikatur der Welt, in: Praxis Geschichte 1/2004, S. 52-55

Soeren, Johan van, „So leben wir alle Tage ...“. Aktuelle weltpolitische Probleme in der Karikatur, in: Praxis Geschichte 1/2004, S. 46-50

Stephan, Christiane, Karikaturen: wichtige historische Quellen – nicht immer auf den ersten Blick!, in: Raabits Geschichte, o.O., o.J.

Uppendahl, Herbert, Die Karikatur im historisch-politischen Unterricht. Eine Einführung mit Unterrichtsbeispielen, Freiburg 1978

Uppendahl, Herbert, Möglichkeiten des Einsatzes von Karikaturen, in: Pandel, Hans, Jürgen; Schneider, Gerhard (Hrsg.), Handbuch Medien im Geschichtsunterricht, Düsseldorf 1985

Werner, Johannes, Die Karikatur im historisch-politischen Unterricht, o.O., o.J.

Wildhage, Manfred, The Road to War. Chamberlain und Appeasement im Spiegel britischer Karikaturen (1938/39), in: Praxis Geschichte 1/2002, S. 34-39

8.3 Fachlich-didaktische Literatur

Achterberg, Christoph, Karikatur als Quelle. Determination sozialwissenschaftlicher Interpretation, Frankfurt/M. 1998

Adamski, Peter, Gruppen- und Partnerarbeit im Geschichtsunterricht. Historisches Lernen kooperativ, Schwalbach/Ts. 2010

Barricelli, Michele; Sauer, Michael, „Was ist guter Geschichtsunterricht?“

Fachdidaktische Kategorien zur Beobachtung und Analyse von Geschichtsunterricht, GWU 57 (2006), H. 1, S. 4-26

Barricelli, Michele, Schüler erzählen Geschichte. Narrative Kompetenz im Geschichtsunterricht, Schwalbach/Ts. 2005

Benson, Timothy S., The cartoon Century. Modern Britain Through the Eyes of its Cartoonists, London 2007

Bergmann, Klaus, Chance Geschichtsunterricht, Schwalbach 2005

Bergmann, Klaus, Schneider, Gerhard, Das Bild, in: Pandel, Hans-Jürgen; Schneider, Gerhard (Hrsg.), Handbuch Medien im Geschichtsunterricht, Schwalbach/Ts. 2004, S. 211-254

Bergmann, Klaus, „... so ist das Bild immer notwendig ein beschränktes" – historisches Denken durch Bilder, in: Schneider, Gerhard (Hrsg.), Die visuelle Dimension des Historischen. Hans-Jürgen Pandel zum 60. Geburtstag, Schwalbach/Ts. 2002, S. 9-20

Bernhardt, Markus, Vom ersten auf den zweiten Blick. Zur Wahrnehmung von Bildern im Geschichtsunterricht, in: GWU 58 (2007), H. 7/8, S. 417-432

Bernhardt, Markus, Verführung durch Anschaulichkeit. Chancen und Risiken bei der Arbeit mit Bildern zur mittelalterlichen Geschichte, in: ders. (Hrsg.), Bilder – Wahrnehmungen – Konstruktionen. Reflexionen über Geschichte und historisches Lernen, Schwalbach/Ts. 2006, S. 47-61

Borries, Bodo von, Geschichtslernen und Geschichtsbewusstsein: Empirische Erkundungen zu Erwerb und Gebrauch von Historie, Stuttgart 1988

Borries, Bodo von, Historisch Denken Lernen – Welterschließung statt Epochenüberblick, Opladen 2008

Borries, Bodo von, Schulbuchverständnis, Richtlinienbenutzung und Reflexionsprozesse im Geschichtsunterricht: eine qualitativ-quantitative Schüler- und Lehrerbefragung im deutschsprachigen Bildungswesen 2002, Neuried 2005

Bouvier, Virginia M., Imaging a Nation: U.S. Political Cartoons and the War of 1898, in: dies. (Hrsg.) Whose War: the War of 1898 and the Battles to Define the Nation, Westport, Ct., 2001, S. 91-122

Brandler, Gotthard, Feindbilder. Karikaturen als Waffe, in: Stiftung Haus der Geschichte der Bundesrepublik Deutschland (Hrsg.), Unterm Strich. Karikatur und Zensur in der DDR, Leipzig 2005, S. 32-47

Coupe, W.A., The German Cartoon and the Revolution of 1848, Comparative Studies in Society and History 9:2 (January 1967), 137-167

Coupe, William, Germany through the looking glass. A cartoon chronicle on the Federal Republic, Leamington Spa 1986

Demm, Eberhard (Hrsg.), Der Erste Weltkrieg in der internationalen Karikatur, Hannover 1988

Dewey, Donald, The Art of Ill Will. The Story of American Political Cartoons, New York 2007

Fuchs, Eduard, Die Karikatur der europäischen Völker, Bd. 1 und 2, Berlin ^{2}1902.

Gardes, Jean-Claude, La caricature en guerre: Allemagne, 1914-1918, in: Le Temps des médias 4 (2005), H. 1, S. 151-161. (http://www.cairn.info/revue-le-temps-des-medias-2005-1-page-151.htm)

Gautschi, Peter (Hrsg.), Geschichtsunterricht heute, Bern 2007
Gautschi, Peter; Binnenkade, Alexandra, Ansicht, Einsicht, Übersicht, Aussicht. Die Funktion von Bildern im Schulgeschichtsbuch „Viele Wege – eine Welt“, in: Bernhardt, Markus (Hrsg.), Bilder – Wahrnehmungen – Konstruktionen. Reflexionen über Geschichte und historisches Lernen, Schwalbach/Ts. 2006, S. 104-118
Geppert, Dominik, Pressekriege. Öffentlichkeit und Diplomatie in den deutsch-britischen Beziehungen (1896-1912), München 2007
Gombrich, Ernst, Das Arsenal des Karikaturisten, in: Langemeyer, Gerhard (Hrsg.), Bild als Waffe: Mittel und Motive der Karikatur in fünf Jahrhunderten, München 1985, S. 384-401
Grünewald, Dietrich, Karikatur im Unterricht. Geschichte, Analysen, Schulpraxis, Weinheim 1979
Guratzsch, Herwig (Hrsg.), Der Lotse geht von Bord, Bielefeld 1991
Haese, Klaus, Frau Republik geht pleite, Kiel 1989
Handro, Saskia; Schönemann, Bernd (Hrsg.), Geschichte und Sprache, Berlin 2010
Herding, Klaus (Hrsg.), „Nervöse Auffangsorgane des inneren und äußeren Lebens“. Karikaturen, Gießen 1980
Hess, Stephen, The Ungentlemanly Art. A History of American Political Cartoons, New York 1968
Heuer, Christian (Hrsg.), Geschichte und ihre Didaktik ... Ein weites Feld, Schwalbach/Ts. 2009
Jones, Priska, Europa in der Karikatur. Deutsche und britische Darstellungen im 20. Jahrhundert, Frankfurt/M. 2009
Kaufmann, Günter, Doppelbilder – Anregungen zum Umgang mit historischen Bildquellen, in: GWU 43 (1992), H. 11, S. 659-680
Kaufmann, Günter, Neue Bücher – alte Fehler. Zur Bildpräsentation in Schulgeschichtsbüchern, in: GWU 51 (2000), H. 2, S. 68-87
Kaufmann, Günter, „Oh Bruder!“ – drei Karikaturen H. E. Köhlers zur deutschen Teilung, in: GWU 45 (1994), H. 3, S. 151-163
Kaulbach, Hans-Martin, Bombe und Kanone in der Karikatur: eine kunsthistorische Untersuchung zur Metaphorik der Vernichtungsdrohung, Marburg 1987
Kayser, Jörg, Urteilsbildung im Geschichts- und Politikunterricht, Bonn 2005
Keller, Morton, The Arts and Politics of Thomas Nast, New York 1968
Kerr, David, Caricature and French political culture 1830-1848: Charles Philipon and the illustrated Press, Oxford 2000
Kneile-Klenk, Karin, Pauken oder Lernen? Abwechslungsreich wiederholen und festigen im Geschichtsunterricht, Schwalbach/Ts. 2008
Knieper, Thomas, Die politische Karikatur: Eine journalistische Darstellungsform und deren Produzenten. Köln 2002
Koch, Ursula (Hrsg.), Marianne und Germania in der Karikatur (1550-1999), Leipzig 1999
Koch, Ursula, Der Teufel in Berlin. Von der Märzrevolution bis zu Bismarcks Entlassung. Illustrierte politische Witzblätter einer Metropole (1848-1890), Köln 1991
Koch, Ursula, Die Münchner Fliegenden Blätter vor, während und nach der

Märzrevolution 1848: „ein deutscher Charivari und Punch"?, in: Fischer, Hubertus (Hrsg.), Politik, Porträt, Physiologie. Facetten der europäischen Karikatur im Vor- und Nachmärz, Bielefeld 2010, S. 199-255

Koch, Ursula; Sagave, Pierre-Paul, „Le Charivari". Die Geschichte einer Pariser Tageszeitung im Kampf um die Republik (1832-1880), Köln 1984

Koenig, Thilo, Die Stecher von London. Englische politische Karikaturisten unter dem Einfluß der Französischen Revolution, in: Herding, Klaus (Hrsg.), „Nervöse Auffangsorgane des inneren und äußeren Lebens". Karikaturen, Gießen 1980, S. 58-86

Lamb, Chris, Drawn to extremes. The use and abuse of editorial cartoons, New York 2004

Lammel, Gisold, Deutsche Karikaturen: Vom Mittelalter bis heute, Stuttgart 1995

Land, Kristin; Pandel, Hans-Jürgen, Bildinterpretation praktisch. Bildgeschichten und verfilmte Bilder. Bildinterpretation II, Schwalbach/Ts. 2009

Landschaftsverband Westfalen-Lippe, Ereigniskarikaturen. Geschichte in Spottbildern, 1600-1930, Münster 1983

Langemeyer, Gerhard (Hrsg.), Bild als Waffe: Mittel und Motive der Karikatur in fünf Jahrhunderten, München 1985

Marienfeld, Wolfgang, Die Geschichte des Deutschlandproblems im Spiegel der politischen Karikatur, Hannover 1989

Meier, Frank, „John Bull" und „Britannia". Die englandfeindlichen Karikaturen des Simplicissimus 1914-1918, in: Internationale Gesellschaft für Geschichtsdidaktik, Jahrbuch 2004, S. 43-70

Mounajed, René, Geschichte in Sequenzen. Über den Einsatz von Geschichtscomics im Geschichtsunterricht, Frankfurt/M. 2009

Moyle, Lachlan R., Drawing Conclusions: An imagological survey of Britain and the British and Germany and the Germans in German and British cartoons and caricatures, 1945-2000, Diss. Universität Osnabrück (http://elib.ub.uni-osnabrueck.de/publications/diss/E-Diss389_thesis.pdf)

Näpel, Oliver, Karikaturen am Scheideweg? Historische Entwicklungslinien und aktuelle Tendenzen am Beispiel des „Karikaturenstreits" und des MDG-Karikaturenwettbewerbs, Vortrags-Manuskript 2006 (?)

Pandel, Hans-Jürgen, Bildinterpretation. Die Bildquelle im Geschichtsunterricht, Schwalbach/Ts. 2008

Pandel, Hans-Jürgen, Comics. Gezeichnete Narrativität und gedeutete Geschichte, in: ders.; Schneider, Gerhard (Hrsg.), Handbuch Medien im Geschichtsunterricht, Schwalbach/Ts. 2004, S. 339-364.

Pandel, Hans-Jürgen, Die Wiedergewinnung von Sinn und Sinnlichkeit. Geschichtsdidaktische Konsequenzen aus PISA in zehn Thesen, in: Informationen für den Geschichts- und Gemeinschaftskundelehrer 65 (2003), S. 61-69

Pandel, Hans-Jürgen, Karikaturen. Gezeichnete Kommentare und visuelle Leitartikel, in: ders.; Schneider, Gerhard (Hrsg.), Handbuch Medien im Geschichtsunterricht, Schwalbach/Ts. 2004, S. 255-276

Pandel, Hans-Jürgen, Visuelles Erzählen. Zur Didaktik von Bildgeschichten, in: ders.; Schneider, Gerhard (Hrsg.), Handbuch Medien im Geschichtsunterricht, Schwalbach/Ts. 2004, S. 387-406

Paul, Gerhard, Das Jahrhundert der Bilder, 2 Bde., Bonn 2009

Reeken, Dietmar von, Wer hat Angst vor Wolfgang Klafki? Der Geschichtsunterricht und die „Schlüsselprobleme“, in: GWU 50 (1999), H. 5/6, S. 292-304

Rinke, Stefan, Karikaturen in der lateinamerikanischen Presse, in: Schreiber, Waltraud (Hrsg.), Bilder aus der Vergangenheit – Bilder der Vergangenheit?, Neuried 2004, S. 223-256

Sauer, Michael, Bilder im Geschichtsunterricht. Typen, Interpretationsmethoden, Unterrichtsverfahren, Seelze-Velber 2000

Schnakenberg, Ulrich, Columbia und Uncle Sam, Britannia und John Bull: Amerikanische und britische Nationalallegorien in ihrer gegenseitigen Karikatur, in: ders.; Clark, Thomas (Hrsg.), Aufklärung – Konstitutionalismus – Atlantische Welt, Kassel 2009, S. 133-158

Schneider, Franz, Die politische Karikatur. München 1988

Schneider, Gerhard (Hrsg.), Die visuelle Dimension des Historischen. Hans-Jürgen Pandel zum 60. Geburtstag, Schwalbach/Ts. 2002

Schönemann, Bernd; Thünemann, Holger, Schulbucharbeit. Das Geschichtslehrbuch in der Unterrichtspraxis, Schwalbach/Ts. 2010

Schönemann, Bernd, Visualität als Lernfalle? Vom Nutzen und Nachteil der Bilder beim Aufbau von Geschichtsbewusstsein, in: Schneider, Gerhard (Hrsg.), Die visuelle Dimension des Historischen. Hans-Jürgen Pandel zum 60. Geburtstag, Schwalbach/Ts. 2002, S. 21-31

Schwalme, Reiner, Wunschbilder. Gezeichnete Propaganda, in: Stiftung Haus der Geschichte der Bundesrepublik Deutschland (Hrsg.), Unterm Strich. Karikatur und Zensur in der DDR, Leipzig 2005, S. 48-61

Seidler, Franz W., Das Militär in der Karikatur. München 1982

Seymore-Ure, Colin, What Future for the British Political Cartoon?, in: Journalism Studies 2 (2001), H. 3, S. 333-355

Somers, Paul, Editorial Cartoons, in: The Greenwood Guide to American Popular Culture, Vol. II, Westport, Ct. 2002, S. 491-548

Stiftung Haus der Geschichte der Bundesrepublik Deutschland (Hrsg.), Unterm Strich. Karikatur und Zensur in der DDR, Leipzig 2005

Thünemann, Holger, Geschichtsunterricht ohne Geschichte? Überlegungen und empirische Befunde zu historischen Fragen im Geschichtsunterricht und im Schulgeschichtsbuch, in: Handro, Saskia; Schönemann, Bernd (Hrsg.), Geschichte und Sprache, Berlin 2010, S. 49-59

Walker, Martin, Daily Sketches. A Cartoon History of Twentieth Century Britain, London 1978

Wenzel, Birgit, Kreative und innovative Methoden. Geschichtsunterricht einmal anders, Schwalbach/Ts. 2010

Weringh, Koos van, Ständig auf der Lauer. Das Deutschlandbild in der niederländischen Karikatur 1872-2005, Köln 2005

Westfälisches Landesmuseum für Kunst und Kulturgeschichte Münster (Hrsg.), Von de Gaulle bis Mitterand. Politische Karikatur in Frankreich 1958-1987, Münster 1987

Wunderer, Hartmann, Geschichtsunterricht in der Sekundarstufe II, Schwalbach/Ts. 2000

Wynn Jones, Michael, The Cartoon History of Britain, London 1971

WOCHEN SCHAU VERLAG

... ein Begriff für politische Bildung

Geschichte unterrichten

Ulrich Schnakenberg

Geschichte in Karikaturen

Karikaturen als Quelle 1945 bis heute

ISBN 978-3-89974651-8, 112 S., DIN-A4-Format, € 24,80

Das Buch präsentiert eine Auswahl von 50 internationalen Karikaturen: von der Teilung Deutschlands über den Ost-West-Konflikt bis zu den umstrittenen „Mohammed-Karikaturen" und zur EU-Verfassung.

Es bietet die Möglichkeit, zentrale lehrplanrelevante Themen innovativ und abwechslungsreich einzuführen, zu erarbeiten oder zu wiederholen. Die thematisch gruppierten Karikaturen eignen sich auch zum Einsatz im Rahmen des Stationenlernens sowie zur arbeitsteiligen Wiederholung zentraler Themen im Vorfeld der Abiturprüfungen.

Die knappen und übersichtlichen Hinweise, Interpretationen und Arbeitsvorschläge, auf Doppelseiten direkt neben der Karikatur, ermöglichen der Lehrkraft eine schnelle Orientierung ohne lange Vorbereitung.

Aus dem Inhalt:

I. Kriegsende – Besatzungszeit – Beginn des Ost-West-Konflikts
II. Kalter Krieg und die Gründung zweier deutscher Staaten
III. Détente und Wiederaufflackern des Kalten Krieges
IV. Das Epochenjahr 1989 – Zusammenbruch des Kommunismus
V. Die deutsche Wiedervereinigung
VI. Schöne neue Welt? Globale Entwicklungen von 1989/90 bis heute
VII. Deutsche Debatten
VIII. Die Geschichte der Europäischen Integration